Brigitte Penzenstadler

Schreibtraining in 3 Kompetenzstufen

Band 2: Erzählende Texte

Kopiervorlagen
5./6. Jahrgangsstufe

Persen Verlag GmbH

Die Autorin:

Brigitte Penzenstadler studierte Lehramt an der Universität Passau und unterrichtet an einer Hauptschule.

Gedruckt auf umweltbewusst gefertigtem, chlorfrei gebleichtem und alterungsbeständigem Papier.

1. Auflage 2010
Nach den seit 2006 amtlich gültigen Regelungen der Rechtschreibung

Grafik: Oliver Wetterauer, Stuttgart
Satz: media.design, Neumünster

ISBN 978-3-8344-**3314**-5

www.persen.de

Inhaltsverzeichnis

Vorwort

Liebe Kolleginnen, liebe Kollegen,

„Schreiblust wecken – Schreibkompetenzen steigern" lautet das Motto dieses Buches.

Dass die Lust am Schreiben und somit die Schreibkompetenz nicht durch stures Üben mit erhobenem Zeigefinger geweckt werden kann, ist hinreichend bekannt.
Doch:

- Wie kann man als Lehrkraft manchen Schülerinnen und Schülern die Angst vor dem Schreiben nehmen und ein Grundgerüst für die Textproduktion an die Hand geben?
- Wie hilft man den einen, die vielleicht schnell eine zündende Idee haben, aber Probleme, diese entsprechend auf Papier zu bringen?
- Wie kann man die anderen, die nur so vor Ideen sprudeln, in ihrem schöpferischen Drang unterstützen?

Um dieser Heterogenität der Schülerinnen und Schüler, die in jeder Klasse zu finden ist, Rechnung zu tragen, finden Sie im vorliegenden Werk Hilfestellungen, die den Schreibprozess unterstützen. Durch planmäßiges Training **in drei Schwierigkeitsstufen** werden Schreibdefizite sukzessive und nachhaltig gemindert und Schreibleistungen verbessert. Entsprechend ihrer bereits vorhandenen Kompetenzen werden somit alle Schülerinnen und Schüler individuell gefördert.

Im **grundlegenden Niveau** (Kompetenzstufe A) steht durch kleinschrittiges Vorgehen und abwechslungsreiche Übungsaufgaben die Vermittlung von Basiskompetenzen im Bereich Schreiben im Vordergrund. Dadurch erhalten auch Leistungsschwächere die Möglichkeit, bessere Ergebnisse zu erzielen.
Schreiberinnen und Schreiber, denen es nur schwer fällt, Texte ansprechend zu formulieren, finden im **qualifizierenden Niveau** (Kompetenzstufe B) eine Vielzahl von motivierenden Anregungen.

Das **weiterführende Niveau** (Kompetenzstufe C) bietet dagegen schreibstarken Schülerinnen und Schülern die Gelegenheit, ihre bereits vorhandenen Kompetenzen weiterhin zu festigen und zu vertiefen.

Die zahlreichen differenzierten Übungsaufgaben, die **sämtliche wichtigen Bereiche des Schreibens in der 5. und 6. Jahrgangsstufe** abdecken, tragen dazu bei, den Schreibprozess zu optimieren. Durch die wechselnden Aufgabenformen und durch die Möglichkeit der Selbstkontrolle ist eine gezielte Förderung – auch im Klassenverband – ohne Mehraufwand von Seiten der Lehrkraft möglich. Die direkt einsetzbaren Kopiervorlagen aktivieren das Vorwissen, verbessern die schriftliche Ausdrucksweise, regen zu kreativen Eigenproduktionen an und können weitgehend ohne unmittelbare Hilfe bearbeitet werden. Die Lösungsblätter direkt im Anschluss an die Aufgaben unterstützen Sie bei Ihrer täglichen Unterrichtsvorbereitung.

Schreibaufgaben als Training und Schreibkonferenzen in Kleingruppen von drei bis vier Personen am Ende jeder Einheit dienen zur Motivation und Überprüfung der individuellen Schreibleistung und somit des Lernzuwachses. Insbesondere die Schreibkonferenzen, die in homogenen als auch heterogenen Niveaustufen stattfinden können, geben den Schreiberinnen und Schreibern oft neue Impulse und Tipps für die Überarbeitung des eigenen Textes. Auf diese Weise werden Stärken entwickelt, Schwächen reduziert und positive Schreiberfahrungen ermöglicht.

Ich hoffe, mithilfe des vorliegenden Buches, die Schreiblust Ihrer Schülerinnen und Schüler zu wecken und Sie zu weiteren Ideen anzuregen.

Viel Spaß und Erfolg beim Ausprobieren!

Brigitte Penzenstadler

Vertauschte Bilder

1. Ordne die Bilder so, dass eine logische Geschichte entsteht.

Bild ___________

Bild ___________

Bild ___________

Bild ___________

Bild ___________

Bild ___________

Bild ___________

Bild ___________

Bild ___________

**2. Erzähle, was auf den einzelnen Bildern geschieht.
Achte dabei auf die richtige Reihenfolge.**

3. Zu welchen Bildern passen folgende ausgewählte Nomen? Schau genau.

Nomen	Bilder
Tisch, Teller, Stühle, Ausguss	
Tisch, Teller, Stühle, Löffel	
Tisch, Teller, Stuhl, Fressnapf, Hund	
Ofen, Topf, Kochlöffel	
Tisch, Stuhl, Löffel, Kuchen, Knochen	

Vertauschte Bilder – Lösung

1. Ordne die Bilder so, dass eine logische Geschichte entsteht.

Bild 4

Bild 6

Bild 9

Bild 1

Bild 7

Bild 2

Bild 8

Bild 5

Bild 3

2. Erzähle, was auf den einzelnen Bildern geschieht. Achte dabei auf die richtige Reihenfolge.

3. Zu welchen Bildern passen folgende ausgewählte Nomen? Schau genau.

Nomen	Bilder
Tisch, Teller, Stühle, Ausguss	8
Tisch, Teller, Stühle, Löffel	2,4
Tisch, Teller, Stuhl, Fressnapf, Hund	5,6,7
Ofen, Topf, Kochlöffel	1
Tisch, Stuhl, Löffel, Kuchen, Knochen	9

Passende Verben gesucht

Ordne jedem Bild passende Verben zu.

essen – sich weigern – laufen – schlemmen – ausschütten – weinen – rühren – riechen – sitzen – probieren – ausleeren – schnüffeln – umstoßen – nagen – schimpfen – drohen – stehen – löffeln – stochern – qualmen – aufstehen – schmecken – wegschütten – beobachten – betrachten – brüllen

Passende Verben gesucht – Lösung

Ordne jedem Bild passende Verben zu.

essen – sich weigern – laufen – schlemmen – ausschütten – weinen – rühren – riechen – sitzen – probieren – ausleeren – schnüffeln – umstoßen – nagen – schimpfen – drohen – stehen – löffeln – stochern – qualmen – aufstehen – schmecken – wegschütten – beobachten – betrachten – brüllen

rühren, qualmen, beobachten, stehen, riechen

sitzen, betrachten, essen, schmecken, zappeln

drohen, aufstehen, sich weigern

probieren, stochern, jammern

wegschütten, ausleeren, laufen, schimpfen

schnüffeln, weinen, brüllen

umstoßen, ausschütten

wegschütten, ausleeren

nagen, schlemmen, löffeln

Versteckte Wörter

1. Finde die 17 waagrecht, senkrecht und diagonal versteckten Wörter. Sie umschreiben alle das Wort „essen“.

probieren – frühstücken – schlingen – hinunterwürgen – kauen – kosten – fressen – löffeln – naschen – picknicken – schlecken – speisen – verzehren – schlemmen – schmatzen – vertilgen – mampfen

L	X	U	U	D	H	S	X	Y	B	K	T	M	W	I	U	D	P	E	P
X	O	F	T	W	Q	B	C	P	O	V	O	A	J	W	V	V	F	V	W
V	I	S	Z	S	D	S	K	H	R	W	S	S	K	C	A	R	R	X	V
N	A	S	C	H	E	N	W	P	L	O	O	P	T	N	V	I	E	D	H
T	M	N	S	E	M	M	L	L	F	I	B	B	E	E	O	L	S	J	K
U	O	D	P	K	V	D	M	W	B	W	N	I	L	I	N	L	S	O	G
L	H	I	N	U	N	T	E	R	W	Ü	R	G	E	N	S	E	E	D	P
Q	R	L	G	R	I	U	L	G	U	Z	H	R	E	R	N	E	N	S	I
K	G	P	V	S	G	M	Y	Y	O	X	X	P	Q	N	E	G	N	C	C
H	B	H	E	B	R	L	Y	F	L	G	V	N	D	T	V	N	K	C	K
G	C	F	R	Ü	H	S	T	Ü	C	K	E	N	N	E	E	U	L	M	N
V	S	V	Z	I	N	T	D	J	V	A	D	E	C	S	R	H	V	D	I
G	C	O	E	J	S	C	H	L	E	M	M	E	N	I	T	I	M	O	C
N	H	U	H	Q	I	O	J	T	A	C	J	V	X	K	I	X	A	T	K
K	M	O	R	P	F	O	T	U	K	A	U	E	N	K	L	J	M	L	E
Z	A	R	E	W	F	K	W	S	M	L	L	W	T	B	G	F	P	L	N
J	T	L	N	N	B	L	S	A	O	L	B	Q	J	Q	E	W	F	S	R
Q	Z	H	H	Y	S	C	H	L	E	C	K	E	N	W	N	M	E	L	K
Q	E	B	I	Q	A	E	P	L	H	M	R	Y	P	V	K	K	N	G	H
N	N	S	Y	F	X	X	L	Ö	F	F	E	L	N	E	P	C	C	X	X

2. Schreibe alle sinnverwandten Wörter heraus, die anstelle von „essen“ zu der Bildergeschichte passen.

Versteckte Wörter – Lösung

1. Finde die 17 waagrecht, senkrecht und diagonal versteckten Wörter. Sie umschreiben alle das Wort „essen".

probieren – frühstücken – schlingen – hinunterwürgen – kauen – kosten – fressen – löffeln – naschen – picknicken – schlecken – speisen – verzehren – schlemmen – schmatzen – vertilgen – mampfen

L	X	U	U	D	H	S	X	Y	B	K	T	M	W	I	U	D	P	E	P
X	O	F	T	W	Q	B	C	P	O	V	O	A	J	W	V	V	F	V	W
V	I	S	Z	S	D	S	K	H	R	W	S	S	K	C	A	R	R	X	V
N	A	S	C	H	E	N	W	P	L	O	O	P	T	N	V	I	E	D	H
T	M	N	S	E	M	M	L	L	F	I	B	B	E	E	O	L	S	J	K
U	O	D	P	K	V	D	M	W	B	W	N	I	L	I	N	L	S	O	G
L	H	I	N	U	N	T	E	R	W	Ü	R	G	E	N	S	E	E	D	P
Q	R	L	G	R	I	U	L	G	U	Z	H	R	E	R	N	E	N	S	I
K	G	P	V	S	G	M	Y	Y	O	X	X	P	Q	N	E	G	N	C	C
H	B	H	E	B	R	L	Y	F	L	G	V	N	D	T	V	N	K	C	K
G	C	F	R	Ü	H	S	T	Ü	C	K	E	N	N	E	E	U	L	M	N
V	S	V	Z	I	N	T	D	J	V	A	D	E	C	S	R	H	V	D	I
G	C	O	E	J	S	C	H	L	E	M	M	E	N	I	T	I	M	O	C
N	H	U	H	Q	I	O	J	T	A	C	J	V	X	K	I	X	A	T	K
K	M	O	R	P	F	O	T	U	K	A	U	E	N	K	L	J	M	L	E
Z	A	R	E	W	F	K	W	S	M	L	L	W	T	B	G	F	P	L	N
J	T	L	N	N	B	L	S	A	O	L	B	Q	J	Q	E	W	F	S	R
Q	Z	H	H	Y	S	C	H	L	E	C	K	E	N	W	N	M	E	L	K
Q	E	B	I	Q	A	E	P	L	H	M	R	Y	P	V	K	K	N	G	H
N	N	S	Y	F	X	X	L	Ö	F	F	E	L	N	E	P	C	C	X	X

2. Schreibe alle sinnverwandten Wörter heraus, die anstelle von „essen" zu der Bildergeschichte passen.

probieren, hinunterwürgen, kosten, fressen, löffeln, verzehren,

schlemmen

Treffende Adjektive gesucht

Kreuze die treffendsten Adjektive an.

- ☐ schwarz
- ☐ hungrig
- ☐ klein
- ☐ gut

- ☐ groß
- ☐ müde
- ☐ eklig
- ☐ kühl

- ☐ aufgebracht
- ☐ freudig
- ☐ stolz
- ☐ trotzig

- ☐ schnell
- ☐ grimmig
- ☐ tapfer
- ☐ gemütlich

- ☐ froh
- ☐ zornig
- ☐ eifrig
- ☐ ungetrübt

- ☐ klug
- ☐ zufrieden
- ☐ traurig
- ☐ wütend

- ☐ leise
- ☐ verblüfft
- ☐ kräftig
- ☐ überrascht

- ☐ erleichtert
- ☐ ängstlich
- ☐ erschöpft
- ☐ glücklich

- ☐ fröhlich
- ☐ köstlich
- ☐ genüsslich
- ☐ stark

Treffende Adjektive gesucht – Lösung

Kreuze die treffendsten Adjektive an.

- ☒ schwarz
- ☒ hungrig
- ☒ klein
- ☐ gut

- ☐ groß
- ☐ müde
- ☒ eklig
- ☐ kühl

- ☒ aufgebracht
- ☐ freudig
- ☐ stolz
- ☒ trotzig

- ☐ schnell
- ☒ grimmig
- ☒ tapfer
- ☐ gemütlich

- ☒ froh
- ☒ zornig
- ☐ eifrig
- ☐ ungetrübt

- ☐ klug
- ☐ zufrieden
- ☒ traurig
- ☒ wütend

- ☐ leise
- ☒ verblüfft
- ☒ kräftig
- ☒ überrascht

- ☒ erleichtert
- ☐ ängstlich
- ☐ erschöpft
- ☒ glücklich

- ☒ fröhlich
- ☒ köstlich
- ☒ genüsslich
- ☐ stark

Wortfeld „sprechen"

Damit deine Geschichte lebendiger wird, musst du Wortwiederholungen vermeiden. Ordne die sinnverwandten Wörter den verschiedenen Sprechweisen zu!

laut sprechen

leise sprechen

ausrufen – betonen – sagen – brabbeln – befehlen – reden – flüstern – brüllen – drohen – unterhalten – leiern – berichten – erwidern – fordern – hauchen – johlen – antworten – fragen – hervorsprudeln – kreischen – entgegnen – bitten – plärren – jammern – murmeln – krächzen – erklären – behaupten – rufen – erzählen – lallen – schimpfen – sich erkundigen – tuscheln – lispeln – schreien – bejahen – sich äußern – murren – wettern – wispern – bekräftigen – plappern – meinen – rügen – mitteilen – stottern – plaudern – toben – widersprechen – informieren – nörgeln – bemerken

normal sprechen

ungewöhnlich sprechen

Wortfeld „sprechen" – Lösung

Damit deine Geschichte lebendiger wird, musst du Wortwiederholungen vermeiden. Ordne die sinnverwandten Wörter den verschiedenen Sprechweisen zu!

laut sprechen

ausrufen, befehlen, brüllen, drohen,
johlen, kreischen, plärren, rufen,
schimpfen, schreien, wettern, rügen,
toben

leise sprechen

flüstern, hauchen, murmeln, tuscheln,
wispern

ausrufen – betonen – sagen – brabbeln – befehlen – reden – flüstern – brüllen – drohen – unterhalten – leiern – berichten – erwidern – fordern – hauchen – johlen – antworten – fragen – hervorsprudeln – kreischen – entgegnen – bitten – plärren – jammern – murmeln – krächzen – erklären – behaupten – rufen – erzählen – lallen – schimpfen – sich erkundigen – tuscheln – lispeln – schreien – bejahen – sich äußern – murren – wettern – wispern – bekräftigen – plappern – meinen – rügen – mitteilen – stottern – plaudern – toben – widersprechen – informieren – nörgeln – bemerken

normal sprechen

sagen, reden, unterhalten, berichten,
erwidern, antworten, entgegnen, fragen,
bitten, erklären, erzählen, sich erkundigen,
behaupten, sich äußern, bejahen,
bekräftigen, bemerken, meinen, mitteilen,
plaudern, widersprechen, informieren

ungewöhnlich sprechen

betonen, brabbeln, fordern, leiern,
hervorsprudeln, jammern, krächzen,
lallen, lispeln, murren, plappern, stottern,
nörgeln

Was wird gesprochen?

1. Welche wörtliche Rede passt zu welchem Bild? Verbinde mit dem Lineal.

Vater tobte: „Du verzogener Bengel! Nur weil es nicht deine Lieblingsspeise gibt, meinst du, du kannst das gute Essen wegwerfen? Ich wäre in deinem Alter froh gewesen, wenn ich so etwas Feines gehabt hätte."
Vater schimpfte: „Keine Widerrede! Du probierst sofort die Bohnen auf deinem Teller!"
„Wenn ich es mir recht überlege, schmecken die Bohnen wirklich etwas zu verbrannt", lenkte der Vater ein. „Komm, wir gehen in die Konditorei."
„Meine Bohnen kann Waldi fressen", schlug der Sohn vor, „der hat bestimmt mehr Hunger als ich."
„Essen ist fertig!", rief Vater.
„Schau", verteidigte sich der Sohn, „nicht einmal Waldi mag diese Bohnen."
„Mmh, schmeckt die Torte köstlich", stellten Vater und Sohn übereinstimmend fest.
„Ich kann das Zeug nicht essen. Wie das schon riecht!", maulte der Sohn.
„Igitt", jammerte der Sohn, „ich mag keine Bohnen!"

2. Überlege dir selbst weitere wörtliche Reden zu jedem Bild. Schreibe diese auf ein Extrablatt.

Was wird gesprochen? – Lösung

1. Welche wörtliche Rede passt zu welchem Bild? Verbinde mit dem Lineal.

Vater tobte: „Du verzogener Bengel! Nur weil es nicht deine Lieblingsspeise gibt, meinst du, du kannst das gute Essen wegwerfen? Ich wäre in deinem Alter froh gewesen, wenn ich so etwas Feines gehabt hätte.“
Vater schimpfte: „Keine Widerrede! Du probierst sofort die Bohnen auf deinem Teller!“
„Wenn ich es mir recht überlege, schmecken die Bohnen wirklich etwas zu verbrannt“, lenkte der Vater ein. „Komm, wir gehen in die Konditorei.“
„Meine Bohnen kann Waldi fressen“, schlug der Sohn vor, „der hat bestimmt mehr Hunger als ich.“
„Essen ist fertig!“, rief Vater.
„Schau“, verteidigte sich der Sohn, „nicht einmal Waldi mag diese Bohnen.“
„Mmh, schmeckt die Torte köstlich“, stellten Vater und Sohn übereinstimmend fest.
„Ich kann das Zeug nicht essen. Wie das schon riecht!“, maulte der Sohn.
„Igitt“, jammerte der Sohn, „ich mag keine Bohnen!“

2. Überlege dir selbst weitere wörtliche Reden zu jedem Bild. Schreibe diese auf ein Extrablatt.

Schreibaufgabe

Schreibe nun selbst die Bildergeschichte.
Wenn du dir unsicher bist, schlage in deinem Aufsatzheft nach.

© Südverlag

- **Achte bei deiner Erzählung auf die richtige Reihenfolge.**
- **Verwende passende Verben und treffende Adjektive.**
- **Denke an die wörtliche Rede.**
- **Erzähle in der 1. Vergangenheit.**
- **Gib deiner Bildergeschichte eine originelle Überschrift.**

Kontrolliere zum Schluss, ob deine Geschichte alle obigen Punkte erfüllt hat.

Schreibkonferenz

Eine Schreibkonferenz hilft euch, eure Bildergeschichte noch besser zu gestalten.
Selbst Bestsellerautoren lesen und überarbeiten ihre Werke immer wieder, bevor sie diese veröffentlichen.
Dabei erhalten sie oft viele wertvolle Tipps von anderen.

Bildet für eure Schreibkonferenz eine Gruppe von höchstens drei bis vier Personen.
Vielleicht können sogar eure Textprodukte von eurer Lehrkraft in der entsprechenden Anzahl kopiert werden.

Führt anschließend eine Schreibkonferenz durch:

① Ein Gruppenmitglied liest seine Bildergeschichte laut vor.
Hört dem Leser aufmerksam zu.
Informiert den Autor über euren ersten Eindruck, dabei muss mindestens ein guter Punkt erwähnt werden.

② Während das Geschriebene ein zweites Mal langsam vorgelesen wird, macht euch stichpunktartig Notizen auf dem **Schreibkonferenzbogen – Bildergeschichte**.

③ Teilt eure Aufzeichnungen höflich der Schreiberin oder dem Schreiber mit.
Macht gemeinsam sinnvolle Verbesserungsvorschläge, die dem Autor wirklich helfen.

④ Nun ist der oder die Nächste an der Reihe, das Geschriebene vorzutragen.
Wiederholt diesen Vorgang so lange, bis jedes Gruppenmitglied sein Werk vorgestellt und Tipps erhalten hat. Dann verbessert eure Geschichten.

Schreibkonferenzbogen – Bildergeschichte

Name des Autors: ______________________________

Überschrift des Textes: ______________________________

	☺	☹	Verbesserungsvorschlag
1. Wurde die richtige Reihenfolge der Bilder beachtet?			
2. Handelt die Geschichte in der 1. Vergangenheit?			
3. Gibt es in dem Text wörtliche Rede?			

Datum

Unterschrift des Schreibkonferenzmitglieds

Vertauschte Bilder

1. Ordne die Bilder so, dass eine logische Geschichte entsteht.

Bild ___________

Bild ___________

Bild ___________

Bild ___________

Bild ___________

Bild ___________

Bild ___________

Bild ___________

Das letzte Bild fehlt.
Überlege dir einen originellen Schluss.
Zeichne diesen.
Vergleiche dein Ende mit dem Original.

2. Markiere das Einleitungs- und Wendepunktbild mit unterschiedlichen Farben.

3. Erzähle, was auf den einzelnen Bildern geschieht.
Achte dabei auf die richtige Reihenfolge.

Vertauschte Bilder – Lösung

1. Ordne die Bilder so, dass eine logische Geschichte entsteht.

Bild 4

Bild 6

Bild 3

Bild 1

Bild 7

Bild 2

Bild 8

Bild 5

Das letzte Bild fehlt.
Überlege dir einen originellen Schluss.
Zeichne diesen.
Vergleiche dein Ende mit dem Original.

© Südverlag

2. Markiere das Einleitungs- und Wendepunktbild mit unterschiedlichen Farben.

**3. Erzähle, was auf den einzelnen Bildern geschieht.
Achte dabei auf die richtige Reihenfolge.**

Passende Verben und Adjektive gesucht

Suche zu jedem Bild passende Verben und Adjektive, die die dargestellte Situation treffend beschreiben.

Verben: *rühren,*

Adjektive: *hungrig,*

Verben: *sitzen,*

Adjektive: *eklig,*

Verben: *drohen,*

Adjektive: *trotzig,*

Verben: *probieren,*

Adjektive: *grimmig,*

Verben: *wegschütten,*

Adjektive: *froh,*

Verben: *schnüffeln,*

Adjektive: *traurig,*

Verben: *umstoßen,*

Adjektive: *verblüfft,*

Verben: *wegschütten,*

Adjektive: *erleichtert,*

Verben: *kauen,*

Adjektive: *fröhlich,*

Passende Verben und Adjektive gesucht – Lösung

Suche zu jedem Bild passende Verben und Adjektive, die die dargestellte Situation treffend beschreiben.

Verben: *rühren, qualmen, beobachten, stehen, riechen, anbrennen …*

Adjektive: *hungrig, schwarz, klein, geschäftig, erwartungsvoll …*

Verben: *sitzen, betrachten, essen, schmecken, zappeln, auftischen, servieren …*

Adjektive: *eklig, heiß, enttäuscht …*

Verben: *drohen, aufstehen, sich weigern, ablehnen …*

Adjektive: *trotzig, bockig, sauer, ungehalten …*

Verben: *probieren, stochern, jammern …*

Adjektive: *grimmig, tapfer, verkniffen …*

Verben: *wegschütten, laufen, ausleeren, schimpfen …*

Adjektive: *froh, freudig, zornig …*

Verben: *schnüffeln, weinen, brüllen …*

Adjektive: *traurig, wütend, weinerlich …*

Verben: *umstoßen, zuschauen, ausschütten, beobachten …*

Adjektive: *verblüfft, erstaunt, überrascht, kräftig …*

Verben: *wegschütten, lachen, ausleeren, stehen, sitzen …*

Adjektive: *erleichtert, glücklich, ungenießbar, schwungvoll …*

Verben: *kauen, löffeln, hängen, bestellen, schlemmen …*

Adjektive: *fröhlich, gut, köstlich, genüsslich …*

Wortfeld „sprechen"

Damit deine Geschichte lebendiger wird, musst du Wortwiederholungen vermeiden.
Kennst du weitere sinnverwandte Wörter zu „sprechen"?
Ordne sie den verschiedenen Sprechweisen zu.

laut sprechen

rufen,

leise sprechen

flüstern,

normal sprechen

sagen,

ungewöhnlich sprechen

brabbeln,

Brigitte Penzenstadler: Schreibtraining in drei Kompetenzstufen – Band 2

Wortfeld „sprechen" – Lösung

**Damit deine Geschichte lebendiger wird, musst du Wortwiederholungen vermeiden.
Kennst du weitere sinnverwandte Wörter zu „sprechen"?
Ordne sie den verschiedenen Sprechweisen zu.**

laut sprechen

*rufen, (aus)rufen, befehlen, brüllen,
drohen, johlen, kreischen, plärren,
schimpfen, schreien, wettern, rügen,
toben, ...*

leise sprechen

*flüstern, hauchen, murmeln, tuscheln,
wispern, ...*

normal sprechen

*sagen, reden, unterhalten, berichten,
erwidern, antworten, entgegnen, fragen,
bitten, erklären, erzählen, sich erkundigen,
behaupten, sich äußern, bejahen, meinen,
bekräftigen, bemerken, mitteilen,
plaudern, widersprechen, informieren, ...*

ungewöhnlich sprechen

*brabbeln, leiern, hervorsprudeln, jammern,
krächzen, lallen, lispeln, murren, plappern,
stottern, nörgeln, ...*

Was wird gesprochen?

Finde zu jedem Bild mindestens eine wörtliche Rede.
Verwende unterschiedliche Wörter für „sprechen".

① „Essen ist fertig!", rief Vater. „Was gibt es denn heute Leckeres?", fragte der Sohn und fügte an: „Irgendwie riecht es aber komisch."

②

③

④

⑤

⑥

⑦

⑧

⑨

Was wird gesprochen? – Lösung

Finde zu jedem Bild mindestens eine wörtliche Rede.
Verwende unterschiedliche Wörter für „sprechen".

① „Essen ist fertig!", rief Vater. „Was gibt es denn heute Leckeres?", fragte der Sohn und fügte an: „Irgendwie riecht es aber komisch."

② *„Es gibt Bohnen mit Speck", antwortete Vater. „Igitt", jammerte der Sohn, „du weißt doch, dass ich keine Bohnen mag!"*

③ *Vater schimpfte: „Keine Widerrede! Du probierst sofort die Bohnen, die du auf deinem Teller hast!"*

④ *„Ich kann das nicht essen. Wie das schon riecht! Mir wird gleich übel!", maulte der Sohn.*

⑤ *„Ich habe eine super Idee! Meine Bohnen mit Speck kann Waldi fressen", schlug der Sohn vor. „Der hat bestimmt einen Riesenhunger!"*

⑥ *Vater tobte: „Du verzogener Bengel! Nur weil es nicht deine Lieblingsspeise gibt, meinst du, du kannst das gute Essen wegwerfen? Ich in deinem Alter wäre froh gewesen, wenn ich so etwas Feines bekommen hätte!"*

⑦ *„Schau", verteidigte sich der Sohn, „nicht einmal Waldi mag die angebrannten Bohnen fressen!"*

⑧ *„Wenn ich es mir recht überlege, schmecken die Bohnen wirklich etwas zu verbrannt", lenkte der Vater ein und schlug vor: „Komm, wir gehen in die Konditorei."*

⑨ *„Mmh, schmeckt die Torte köstlich!", stellten Vater und Sohn übereinstimmend fest.*

Schreibaufgabe

Schreibe nun selbst die Bildergeschichte.

- **Gliedere in Einleitung, Hauptteil und Schluss. Gestalte auch den Wendepunkt in Bild 7.**
- **Achte auf die Einzelheiten in den Bildern. Verwende passende Verben und treffende Adjektive.**
- **Denke an die wörtliche Rede.**
- **Erzähle in der 1. Vergangenheit.**
- **Gib deiner Bildergeschichte eine originelle Überschrift.**

Kontrolliere zum Schluss, ob deine Geschichte alle obigen Punkte erfüllt hat.

Schreibkonferenz

Eine Schreibkonferenz hilft euch, eure Bildergeschichte noch besser zu gestalten. Selbst Bestsellerautoren lesen und überarbeiten ihre Werke immer wieder, bevor sie diese veröffentlichen.
Dabei erhalten sie oft viele wertvolle Tipps von anderen.

Bildet für eure Schreibkonferenz eine Gruppe von höchstens drei bis vier Personen. Vielleicht können sogar eure Textprodukte von eurer Lehrkraft in der entsprechenden Anzahl kopiert werden.

Führt anschließend eine Schreibkonferenz durch:

① Ein Gruppenmitglied liest seine Bildergeschichte laut vor.
Hört dem Leser aufmerksam zu.
Informiert den Autor über euren ersten Eindruck, dabei muss mindestens ein guter Punkt erwähnt werden.

② Während das Geschriebene ein zweites Mal langsam vorgelesen wird, macht euch stichpunktartig Notizen auf dem **Schreibkonferenzbogen – Bildergeschichte**.

③ Teilt eure Aufzeichnungen höflich der Schreiberin oder dem Schreiber mit. Macht gemeinsam sinnvolle Verbesserungsvorschläge, die dem Autor wirklich helfen.

④ Nun ist der oder die Nächste an der Reihe, das Geschriebene vorzutragen. Wiederholt diesen Vorgang so lange, bis jedes Gruppenmitglied sein Werk vorgestellt und Tipps erhalten hat. Dann verbessert eure Geschichten.

Schreibkonferenzbogen – Bildergeschichte

Name des Autors: ____________________

Überschrift des Textes: ____________________

	☺	☹	Verbesserungsvorschlag
1. Wurde die richtige Reihenfolge der Bilder beachtet?			
2. Handelt die Geschichte in der 1. Vergangenheit?			
3. Gibt es in dem Text mehrere wörtliche Reden?			
4. Hat der Text eine Gliederung?			
5. Wurden auch Einzelheiten beschrieben?			
6. Ist der Wendepunkt originell dargestellt worden?			

Datum

Unterschrift des Schreibkonferenzmitglieds

Vertauschte Bilder

1. Bringe die Bilder in eine sinnvolle Reihenfolge. Doch Vorsicht, das erste und letzte Bild fehlen.

Bild ___________

Bild ___________

Bild ___________

Bild ___________

Bild ___________

Bild ___________

Bild ___________

2. Was könnte auf den fehlenden Bildern passiert sein? Zeichne und/oder erzähle kurz einen passenden Anfang und Schluss. Vergleiche deine Ideen mit dem Original.

Bild 1

Bild 9

Vertauschte Bilder – Lösung

1. Bringe die Bilder in eine sinnvolle Reihenfolge. Doch Vorsicht, das erste und letzte Bild fehlen.

Bild 4

Bild 6

Bild 3

Bild 5

Bild 7

Bild 2

Bild 8

2. Was könnte auf den fehlenden Bildern passiert sein? Zeichne und/oder erzähle kurz einen passenden Anfang und Schluss. Vergleiche deine Ideen mit dem Original.

Bild 1

Bild 9

Wortfeld „sprechen"

Damit deine Geschichte lebendiger wird, musst du Wortwiederholungen vermeiden.

1. Finde die 49 sinnverwandten Wörter zu „sprechen". Tipp: →, ↓

P	M	P	S	E	R	Z	Ä	H	L	E	N	I	V	P	J	W	W	C	B	W	H	J	N	K	S	G	X	L	W
W	M	B	M	I	W	D	Z	H	B	I	F	I	W	G	Y	P	B	E	J	A	H	E	N	X	A	T	P	A	A
C	L	I	N	F	O	R	M	I	E	R	E	N	N	K	O	Q	J	T	H	N	U	C	G	U	G	N	Z	L	H
R	W	L	L	N	I	M	M	G	K	W	C	Z	E	W	X	U	N	T	E	R	H	A	L	T	E	N	W	L	Q
B	S	L	C	G	M	I	T	T	E	I	L	E	N	D	B	S	S	D	U	H	Q	Z	C	Y	N	N	I	E	J
L	C	O	B	U	R	N	M	C	M	H	Y	T	S	R	E	E	N	T	G	E	G	N	E	N	D	B	N	N	O
X	H	U	F	W	G	W	I	S	P	E	R	N	C	Ü	M	Y	F	R	O	G	X	E	K	K	X	N	I	P	Z
Y	R	T	R	J	L	T	A	Y	M	E	H	A	N	G	U	K	J	B	N	B	B	N	W	Q	R	C	P	B	J
B	E	H	A	U	P	T	E	N	D	F	E	B	Q	E	Q	R	N	E	M	E	J	L	G	U	S	Q	L	G	A
G	I	F	G	E	N	S	B	U	L	E	I	E	R	N	O	E	V	K	R	T	W	Q	F	N	V	O	A	R	M
E	E	L	E	S	U	X	R	T	Z	A	X	F	E	C	T	I	H	R	S	O	Q	B	U	W	H	S	U	W	M
E	N	V	N	Y	Y	M	T	U	S	C	H	E	L	N	O	S	A	Ä	Y	N	R	R	Q	E	B	N	D	R	E
D	D	P	D	U	P	B	H	O	O	U	S	H	K	Ö	O	C	H	F	K	E	G	A	I	T	Q	J	E	H	R
R	O	D	X	P	L	Ä	R	R	E	N	Q	L	Y	R	H	H	T	T	N	N	J	B	D	T	M	L	R	U	N
O	M	R	J	D	A	Q	S	N	F	C	Q	E	H	G	E	E	N	I	V	D	N	B	C	E	F	V	N	Y	R
H	C	L	B	D	P	B	M	E	I	N	E	N	O	E	W	N	T	G	W	X	Q	E	Y	R	B	U	Q	F	F
E	S	F	X	H	P	P	U	F	M	Y	F	V	J	L	I	I	T	E	J	F	V	L	E	N	N	X	X	P	O
N	E	F	L	O	E	I	V	Q	M	F	C	B	Y	N	G	P	M	N	Q	L	F	N	J	E	L	D	G	L	F
L	W	I	D	E	R	S	P	R	E	C	H	E	N	Z	B	T	A	J	L	F	H	J	E	E	I	L	U	I	O
M	Q	U	N	W	N	C	L	F	T	V	E	C	A	C	N	Q	P	H	M	L	R	N	A	Y	S	L	B	O	R
L	B	D	K	E	R	I	K	F	M	U	R	M	E	L	N	H	Q	A	N	Ü	X	S	N	Z	P	O	E	G	D
P	U	C	R	P	B	J	R	W	Z	J	M	V	I	W	D	C	S	U	L	S	V	C	T	W	E	G	M	M	E
S	L	W	Ä	N	U	S	C	H	I	M	P	F	E	N	Z	G	Z	C	P	T	A	K	W	U	L	Y	E	U	R
T	S	D	C	N	T	V	T	V	E	H	P	D	O	V	Q	J	O	H	L	E	N	U	O	Y	N	P	R	Q	N
O	M	J	H	A	M	L	B	E	R	I	C	H	T	E	N	I	R	E	R	R	T	G	R	T	I	I	K	V	P
T	V	Y	Z	S	U	O	I	B	M	Y	D	Z	E	Y	J	W	N	N	A	N	E	T	T	L	O	X	E	P	T
T	I	T	E	I	R	V	T	N	S	C	L	V	J	X	X	P	D	Q	X	U	S	U	E	T	R	P	N	V	O
E	G	I	N	V	R	U	T	S	H	E	R	K	L	Ä	R	E	N	S	N	G	T	J	N	M	U	W	R	H	B
R	S	K	U	R	E	D	E	N	X	N	L	Y	V	M	Y	H	V	R	U	F	E	N	I	D	A	C	R	R	E
N	U	D	E	B	N	R	N	D	P	E	R	W	I	D	E	R	N	T	C	D	P	M	B	R	Ü	L	L	E	N

2. Erstelle eine Tabelle und ordne die gefundenen Wörter den verschiedenen Sprechweisen „laut, leise, normal und ungewöhnlich sprechen" zu.

laut sprechen	leise sprechen	normal sprechen	ungewöhnlich sprechen

Wortfeld „sprechen" – Lösung

Damit deine Geschichte lebendiger wird, musst du Wortwiederholungen vermeiden.

1. Finde die 49 sinnverwandten Wörter zu „sprechen". Tipp: →, ↓

P	M	P	S	E	R	Z	Ä	H	L	E	N	I	V	P	J	W	W	C	B	W	H	J	N	K	S	G	X	L	W
W	M	B	M	I	W	D	Z	H	B	I	F	I	W	G	Y	P	B	E	J	A	H	E	N	X	A	T	P	A	A
C	L	I	N	F	O	R	M	I	E	R	E	N	N	K	O	Q	J	T	H	N	U	C	G	U	G	N	Z	L	H
R	W	L	L	N	I	M	M	G	K	W	C	Z	E	W	X	U	N	T	E	R	H	A	L	T	E	N	W	L	Q
B	S	L	C	G	M	I	T	T	E	I	L	E	N	D	B	S	S	D	U	H	Q	Z	C	Y	N	N	I	E	J
L	C	O	B	U	R	N	M	C	M	H	Y	T	S	R	E	E	N	T	G	E	G	N	E	N	D	B	N	N	O
X	H	U	F	W	G	W	I	S	P	E	R	N	C	Ü	M	Y	F	R	O	G	X	E	K	K	X	N	I	P	Z
Y	R	T	R	J	L	T	A	Y	M	E	H	A	N	G	U	K	J	B	N	B	B	N	W	Q	R	C	P	B	J
B	E	H	A	U	P	T	E	N	D	F	E	B	Q	E	Q	R	N	E	M	E	J	L	G	U	S	Q	L	G	A
G	I	F	G	E	N	S	B	U	L	E	I	E	R	N	O	E	V	K	R	T	W	Q	F	N	V	O	A	R	M
E	E	L	E	S	U	X	R	T	Z	A	X	F	E	C	T	I	H	R	S	O	Q	B	U	W	H	S	U	W	M
E	N	V	N	Y	Y	M	T	U	S	C	H	E	L	N	O	S	A	Ä	Y	N	R	R	Q	E	B	N	D	R	E
D	D	P	D	U	P	B	H	O	O	U	S	H	K	Ö	O	C	H	F	K	E	G	A	I	T	Q	J	E	H	R
R	O	D	X	P	L	Ä	R	R	E	N	Q	L	Y	R	H	H	T	T	N	N	J	B	D	T	M	L	R	U	N
O	M	R	J	D	A	Q	S	N	F	C	Q	E	H	G	E	E	N	I	V	D	N	B	C	E	F	V	N	Y	R
H	C	L	B	D	P	B	M	E	I	N	E	N	O	E	W	N	T	G	W	X	Q	E	Y	R	B	U	Q	F	F
E	S	F	X	H	P	P	U	F	M	Y	F	V	J	L	I	I	T	E	J	F	V	L	E	N	N	X	X	P	O
N	E	F	L	O	E	I	V	Q	M	F	C	B	Y	N	G	P	M	N	Q	L	F	N	J	E	L	D	G	L	F
L	W	I	D	E	R	S	P	R	E	C	H	E	N	Z	B	T	A	J	L	F	H	J	E	E	I	L	U	I	O
M	Q	U	N	W	N	C	L	F	T	V	E	C	A	C	N	Q	P	H	M	L	R	N	A	Y	S	L	B	O	R
L	B	D	K	E	R	I	K	F	M	U	R	M	E	L	N	H	Q	A	N	Ü	X	S	N	Z	P	O	E	G	D
P	U	C	R	P	B	J	R	W	Z	J	M	V	I	W	D	C	S	U	L	S	V	C	T	W	E	G	M	M	E
S	L	W	Ä	N	U	S	C	H	I	M	P	F	E	N	Z	G	Z	C	P	T	A	K	W	U	L	Y	E	U	R
T	S	D	C	N	T	V	T	V	E	H	P	D	O	V	Q	J	O	H	L	E	N	U	O	Y	N	P	R	Q	N
O	M	J	H	A	M	L	B	E	R	I	C	H	T	E	N	I	R	E	R	R	T	G	R	T	I	I	K	V	P
T	V	Y	Z	S	U	O	I	B	M	Y	D	Z	E	Y	J	W	N	N	A	N	E	T	T	L	O	X	E	P	T
T	I	T	E	I	R	V	T	N	S	C	L	V	J	X	X	P	D	Q	X	U	S	U	E	T	R	P	N	V	O
E	G	I	N	V	R	U	T	S	H	E	R	K	L	Ä	R	E	N	S	N	G	T	J	N	M	U	W	R	H	B
R	S	K	U	R	E	D	E	N	X	N	L	Y	V	M	Y	H	V	R	U	F	E	N	I	D	A	C	R	R	E
N	U	D	E	B	N	R	N	D	P	E	R	W	I	D	E	R	N	T	C	D	P	M	B	R	Ü	L	L	E	N

2. Erstelle eine Tabelle und ordne die gefundenen Wörter den verschiedenen Sprechweisen „laut, leise, normal und ungewöhnlich sprechen" zu.

laut sprechen	leise sprechen	normal sprechen	ungewöhnlich sprechen

Was wird gesprochen?

Finde zu jedem Bild passende wörtliche Reden. Verwende unterschiedliche Wörter für „sprechen".

①

②

③

④

⑤

⑥

⑦

⑧

⑨

© Südverlag

Was wird gesprochen? – Lösung

Finde zu jedem Bild passende wörtliche Reden. Verwende unterschiedliche Wörter für „sprechen".

① *„Essen ist fertig!", rief Vater. „Was gibt es denn heute Leckeres?", fragte der Sohn und fügte an: „Irgendwie riecht es aber komisch."*

② *„Es gibt Bohnen mit Speck", antwortete Vater. „Igitt", jammerte der Sohn, „du weißt doch, dass ich keine Bohnen mag!"*

③ *Vater schimpfte: „Keine Widerrede! Du probierst sofort die Bohnen, die du auf deinem Teller hast!"*

④ *„Ich kann das nicht essen. Wie das schon riecht! Mir wird gleich übel!", maulte der Sohn.*

⑤ *„Ich habe eine super Idee! Meine Bohnen mit Speck kann Waldi fressen", schlug der Sohn vor. „Der hat bestimmt einen Riesenhunger!"*

⑥ *Vater tobte: „Du verzogener Bengel! Nur weil es nicht deine Lieblingsspeise gibt, meinst du, du kannst das gute Essen wegwerfen? Ich in deinem Alter wäre froh gewesen, wenn ich so etwas Feines bekommen hätte!"*

⑦ *„Schau", verteidigte sich der Sohn, „nicht einmal Waldi mag die angebrannten Bohnen fressen!"*

⑧ *„Wenn ich es mir recht überlege, schmecken die Bohnen wirklich etwas zu verbrannt", lenkte der Vater ein und schlug vor: „Komm, wir gehen in die Konditorei."*

⑨ *„Mmh, schmeckt die Torte köstlich!", stellten Vater und Sohn übereinstimmend fest.*

Abwechslungsreiche Satzanfänge gesucht

Überlege dir abwechslungsreiche Satzanfänge und Überleitungen von Bild zu Bild. Diese Wörter und Konjunktionen können dir dabei helfen.

eines Tages – etwas später – mittags – unbemerkt – auf dem Weg – plötzlich voller Entsetzen – da – nun – auf einmal – nachdem – obwohl – als – während – weil – wenn – dass – bevor – ehe – kurze Zeit später – am Nachmittag

Bild 1: ____________________

Überleitung: ____________________

Bild 2: ____________________

Überleitung: ____________________

Bild 3: ____________________

Überleitung: ____________________

Bild 4: ____________________

Überleitung: ____________________

Bild 5: ____________________

____

____

Überleitung: ____________________

____

____

Bild 6: ____________________

____

____

Überleitung: ____________________

____

____

Bild 7: ____________________

____

____

Überleitung: ____________________

____

____

Bild 8: ____________________

____

____

Überleitung: ____________________

____

____

Bild 9: ____________________

____

____

____

____

____

Schreibaufgabe

Schreibe nun selbst die Bildergeschichte.

© Südverlag

- **Gliedere in Einleitung, Hauptteil und Schluss. Gestalte auch den Wendepunkt.**
- **Achte auf die Einzelheiten in den Bildern. Verwende passende Verben und treffende Adjektive.**
- **Denke an die wörtliche Rede und die richtige Erzählzeit.**
- **Verwende geeignete Übergänge von Bild zu Bild.**
- **Benutze abwechslungsreiche Satzanfänge.**
- **Gib deiner Bildergeschichte eine originelle Überschrift.**

Kontrolliere zum Schluss, ob deine Geschichte alle obigen Punkte erfüllt hat.

Schreibkonferenz

Eine Schreibkonferenz hilft euch, eure Bildergeschichte noch besser zu gestalten. Selbst Bestsellerautoren lesen und überarbeiten ihre Werke immer wieder, bevor sie diese veröffentlichen.
Dabei erhalten sie oft viele wertvolle Tipps von anderen.

Bildet für eure Schreibkonferenz eine Gruppe von höchstens drei bis vier Personen. Vielleicht können sogar eure Textprodukte von eurer Lehrkraft in der entsprechenden Anzahl kopiert werden.

Führt anschließend eine Schreibkonferenz durch:

① Ein Gruppenmitglied liest seine Bildergeschichte laut vor. Hört dem Leser aufmerksam zu. Informiert den Autor über euren ersten Eindruck, dabei muss mindestens ein guter Punkt erwähnt werden.

② Während das Geschriebene ein zweites Mal langsam vorgelesen wird, macht euch stichpunktartig Notizen auf dem **Schreibkonferenzbogen – Bildergeschichte**.

③ Teilt eure Aufzeichnungen höflich der Schreiberin oder dem Schreiber mit. Macht gemeinsam sinnvolle Verbesserungsvorschläge, die dem Autor wirklich helfen.

④ Nun ist der oder die Nächste an der Reihe, das Geschriebene vorzutragen. Wiederholt diesen Vorgang so lange, bis jedes Gruppenmitglied sein Werk vorgestellt und Tipps erhalten hat. Dann verbessert eure Geschichten.

Schreibkonferenzbogen – Bildergeschichte

Name des Autors: ____________________

Überschrift des Textes: ____________________

	☺	☹	Verbesserungsvorschlag
1. Wurde die richtige Reihenfolge der Bilder beachtet?			
2. Handelt die Geschichte in der 1. Vergangenheit?			
3. Gibt es in dem Text wörtliche Rede?			
4. Hat der Text eine Gliederung?			
5. Wurden auch Einzelheiten beschrieben?			
6. Ist der Wendepunkt originell dargestellt worden?			
7. Sind passende Überleitungen vorhanden?			
8. Wurden abwechslungsreiche und treffende Satzanfänge verwendet?			
9. Hat der Autor Wortwiederholungen vermieden?			

Datum

Unterschrift des Schreibkonferenzmitglieds

Wortfeld „sehen"

Hier haben sich sinnverwandte Wörter zu „sehen" versteckt.
Zusammengesetzt ergeben die Silben 26 Synonyme.
Findest du sie alle?

ach – an – äu – be – be – be – bli – bli – blin – cken – cken – cken – cken – de – en – ent – er – er – er – fas – fen – fen – fi – gaf – gen – gen – gen – gi – glot – gu – hen – ken – len – lin - lu – men – mus – neh – nen – ob – prü – re – ren – ren – ren – ren – schau – schie – sen – sen – sich – sich – spä – star – stie – strie – ten – ten – ten – tern – ti – trach – wahr – xie – zen – zeln

Tipp: 2 Silben (15 Wörter), 3 Silben (8 Wörter), 4 Silben (3 Wörter)

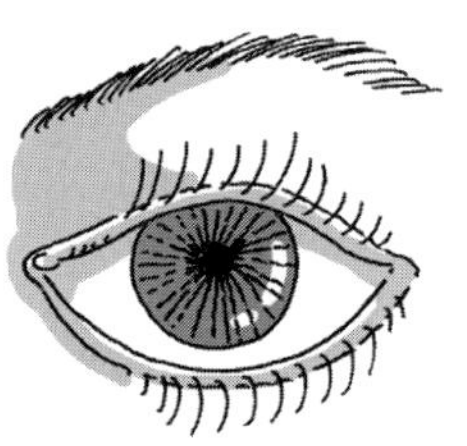

Wortfeld „sehen" – Lösung

Hier haben sich sinnverwandte Wörter zu „sehen" versteckt.
Zusammengesetzt ergeben die Silben 26 Synonyme.
Findest du sie alle?

ach – an – äu – be – be – be – bli – bli – blin – cken – cken – cken – cken – de – en – ent – er – er – er – fas – fen – fen – fi – gaf – gen – gen – gen – gi – glot – gu – hen – ken – len – lin - lu – men – mus – neh – nen – ob – prü – re – ren – ren – ren – ren – schau – schie – sen – sen – sich – sich – spä – star – stie – strie – ten – ten – ten – tern – ti – trach – wahr – xie – zen – zeln

Tipp: 2 Silben (15 Wörter), 3 Silben (8 Wörter), 4 Silben (3 Wörter)

anblicken

betrachten

besichtigen

gucken

erkennen

entdecken

erfassen

fixieren

linsen

mustern

schielen

äugen

stieren

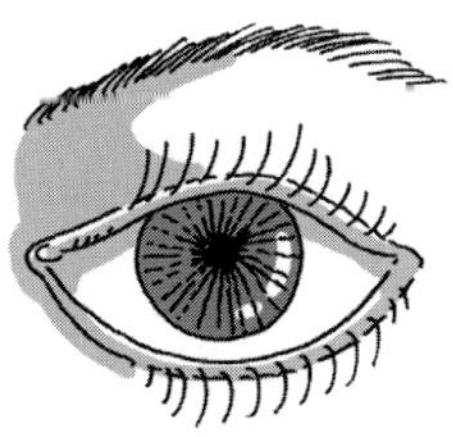

schauen

beobachten

glotzen

starren

blinzeln

erblicken

spähen

gaffen

lugen

prüfen

registrieren

sichten

wahrnehmen

Viel Lärm um Nichts

Hier ist einiges durcheinander geraten.
Kannst du die Erlebniserzählung wieder in die richtige Reihenfolge bringen?
Schneide die einzelnen Abschnitte aus und klebe sie korrekt auf.

Es war ein eiskalter Februartag. Meine Mutter und ich saßen in der wohlig warmen Küche unseres kleinen Häuschens am Rande der Stadt. Bei einer heißen Tasse Tee schmiedeten wir gemeinsam Pläne, was wir unternehmen könnten. Nach langem Hin und Her hatte Mutti plötzlich eine grandiose Idee.

Dann sprang ich die Treppe hoch, denn der Zugang zu unserem kleinen, finsteren Speicher befindet sich in der zweiten Etage. Dann öffnete ich die Luke und eine riesige Staubwolke fiel auf mich herab. Prustend stand ich unter der Öffnung und versuchte, die Spinnweben aus meinem Haar zu ziehen. Dann kam auch schon meine Mutter die Treppe herauf. Als sie mich sah, meinte sie lachend: „Deine Haare brauchst du nun nicht mehr färben. Dieses Grau steht dir fabelhaft!"

„Juhu! Da sind die Kleider!", schrieen wir gleichzeitig. Dann wühlten wir in der Kiste und jeder fand schnell etwas Passendes. Vollbepackt und überglücklich stiegen wir vorsichtig unsere marode Leiter hinab. Jetzt mussten wir uns beeilen, wenn wir den Karnevalsumzug nicht versäumen wollten. Rasch halfen wir uns gegenseitig mit unserer Verkleidung. Dann war aus meiner Mutter eine wunderschöne Fee geworden und aus mir eine richtig gruselig aussehende Hexe. Mit einem letzten Blick in den Spiegel stellten wir stolz fest: „In diesen Kostümen wird uns niemand erkennen."

Mithilfe des Taschenlampenlichts durchstöberten wir sämtliche Schachteln und Taschen, die auf dem Speicher aufgetürmt standen. Doch keiner von uns fand das Gesuchte. „So ein Mist", schimpfte ich, als wir uns eine halbe Stunde später den Weg zur Dachbodenleiter bahnten. Dann stolperte meine Mutter über einen abgewetzten schwarzen Koffer, der im Schein der Taschenlampe kaum sichtbar war. Dann zerrte ich an dem halb verrosteten Schloss bis es endlich aufsprang.

„Was ist denn los?", fragte ich verblüfft. Mutti zeigte auf mich und prustete: „Schau uns beide doch mal an!" Verwundert sah ich zunächst an mir herunter, dann sah ich sie genauer an. Dann ging mir ein Licht auf. „Viel Lärm um Nichts. Von unseren tollen Kostümen ist überhaupt nichts mehr zu sehen", bemerkte ich belustigt. Wir sahen aufgrund unserer Wintermäntel aus wie immer. Dann ließen wir uns unsere gute Laune nicht verderben.

„Heute ist doch Rosenmontag. Wir verkleiden uns und sehen uns den Karnevalsumzug live an. Das wird bestimmt lustig!" „Prima", jubelte ich und sprang ganz aufgeregt im Zimmer umher. „Weißt du, wo der alte Koffer ist, in den wir unsere abgelegten Kleidungsstücke und Kostüme gepackt haben?", drängte ich. Dann musste Mutter kurz überlegen, doch bald fiel ihr ein: „Der ist sicherlich auf dem Dachboden. Komm, wir steigen hinauf und suchen."

Dann machten wir uns auf den Weg. Doch dann im Vorgarten wurde uns bewusst, dass es draußen viel zu kalt war. Dann hasteten wir schnell zurück ins Haus und zogen Schal, Mantel und Handschuhe an. Dann kamen wir zum Straßenzug. Während ich gebannt auf die fantasievoll geschmückten Wagen sah und versuchte, Süßigkeiten zu ergattern, brach meine Mutter plötzlich in schallendes Gelächter aus.

Ohne weiter auf sie zu achten, zog ich die Dachbodenleiter herunter und stieg als Erste hinauf. Oben war es finster. „Mutti", rief ich zu ihr hinunter, „wir brauchen dringend eine Taschenlampe. Bringst du bitte noch eine mit?" Während ich im Halbdunkeln bereits zu suchen begann, hörte ich auf einmal ein lautes Poltern und fast im selben Augenblick einen unterdrückten Schrei. Dann sah ich nach unten. Dann sah ich meine Mutter auf dem Boden sitzend, denn die unterste Sprosse der Leiter war zerbrochen. „Hast du dich verletzt?", erkundigte ich mich besorgt. Ächzend und stöhnend rappelte sie sich auf und meinte ziemlich trocken, während dessen sie die Leiter emporstieg: „Nein! Es wird höchste Zeit, dass ich mit der Frühjahrsdiät beginne!"

Viel Lärm um Nichts – Lösung

Hier ist einiges durcheinander geraten.
Kannst du die Erlebniserzählung wieder in die richtige Reihenfolge bringen?
Schneide die einzelnen Abschnitte aus und klebe sie korrekt auf.

Es war ein eiskalter Februartag. Meine Mutter und ich saßen in der wohlig warmen Küche unseres kleinen Häuschens am Rande der Stadt. Bei einer heißen Tasse Tee schmiedeten wir gemeinsam Pläne, was wir unternehmen könnten. Nach langem Hin und Her hatte Mutti plötzlich eine grandiose Idee.

„Heute ist doch Rosenmontag. Wir verkleiden uns und sehen uns den Karnevalsumzug live an. Das wird bestimmt lustig!" „Prima", jubelte ich und sprang ganz aufgeregt im Zimmer umher. „Weißt du, wo der alte Koffer ist, in den wir unsere abgelegten Kleidungsstücke und Kostüme gepackt haben?", drängte ich. Dann musste Mutter kurz überlegen, doch bald fiel ihr ein: „Der ist sicherlich auf dem Dachboden. Komm, wir steigen hinauf und suchen."

Dann sprang ich die Treppe hoch, denn der Zugang zu unserem kleinen, finsteren Speicher befindet sich in der zweiten Etage. Dann öffnete ich die Luke und eine riesige Staubwolke fiel auf mich herab. Prustend stand ich unter der Öffnung und versuchte, die Spinnweben aus meinem Haar zu ziehen. Dann kam auch schon meine Mutter die Treppe herauf. Als sie mich sah, meinte sie lachend: „Deine Haare brauchst du nun nicht mehr färben. Dieses Grau steht dir fabelhaft!"

Ohne weiter auf sie zu achten, zog ich die Dachbodenleiter herunter und stieg als Erste hinauf. Oben war es finster. „Mutti", rief ich zu ihr hinunter, „wir brauchen dringend eine Taschenlampe. Bringst du bitte noch eine mit?" Während ich im Halbdunkeln bereits zu suchen begann, hörte ich auf einmal ein lautes Poltern und fast im selben Augenblick einen unterdrückten Schrei. Dann sah ich nach unten. Dann sah ich meine Mutter auf dem Boden sitzend, denn die unterste Sprosse der Leiter war zerbrochen. „Hast du dich verletzt?", erkundigte ich mich besorgt. Ächzend und stöhnend rappelte sie sich auf und meinte ziemlich trocken, während dessen sie die Leiter emporstieg: „Nein! Es wird höchste Zeit, dass ich mit der Frühjahrsdiät beginne!"

Brigitte Penzenstadler: Schreibtraining in drei Kompetenzstufen – Band 2

Mithilfe des Taschenlampenlichts durchstöberten wir sämtliche Schachteln und Taschen, die auf dem Speicher aufgetürmt standen. Doch keiner von uns fand das Gesuchte. „So ein Mist", schimpfte ich, als wir uns eine halbe Stunde später den Weg zur Dachbodenleiter bahnten. Dann stolperte meine Mutter über einen abgewetzten schwarzen Koffer, der im Schein der Taschenlampe kaum sichtbar war. Dann zerrte ich an dem halb verrosteten Schloss bis es endlich aufsprang.

„Juhu! Da sind die Kleider!", schrieen wir gleichzeitig. Dann wühlten wir in der Kiste und jeder fand schnell etwas Passendes. Vollbepackt und überglücklich stiegen wir vorsichtig unsere marode Leiter hinab. Jetzt mussten wir uns beeilen, wenn wir den Karnevalsumzug nicht versäumen wollten. Rasch halfen wir uns gegenseitig mit unserer Verkleidung. Dann war aus meiner Mutter eine wunderschöne Fee geworden und aus mir eine richtig gruselig aussehende Hexe. Mit einem letzten Blick in den Spiegel stellten wir stolz fest: „In diesen Kostümen wird uns niemand erkennen."

Dann machten wir uns auf den Weg. Doch dann im Vorgarten wurde uns bewusst, dass es draußen viel zu kalt war. Dann hasteten wir schnell zurück ins Haus und zogen Schal, Mantel und Handschuhe an. Dann kamen wir zum Straßenzug. Während ich gebannt auf die fantasievoll geschmückten Wagen sah und versuchte, Süßigkeiten zu ergattern, brach meine Mutter plötzlich in schallendes Gelächter aus.

„Was ist denn los?", fragte ich verblüfft. Mutti zeigte auf mich und prustete: „Schau uns beide doch mal an!" Verwundert sah ich zunächst an mir herunter, dann sah ich sie genauer an. Dann ging mir ein Licht auf. „Viel Lärm um Nichts. Von unseren tollen Kostümen ist überhaupt nichts mehr zu sehen", bemerkte ich belustigt. Wir sahen aufgrund unserer Wintermäntel aus wie immer. Dann ließen wir uns unsere gute Laune nicht verderben.

Abwechslungsreiche Satzanfänge gesucht

Ersetze „dann" durch passendere Satzanfänge.
Diese Wörter helfen dir dabei:

da – deshalb – doch schon – erschrocken – erst jetzt – gerade noch rechtzeitig – fünfzehn Minuten später – hastig – in der Zwischenzeit – in diesem Augenblick – jetzt – sofort – trotzdem – übermütig – ungeduldig – zufrieden

Achtung: Satzanfänge schreibt man immer groß!

Viel Lärm um Nichts

Es war ein eiskalter Februartag. Meine Mutter und ich saßen in der wohlig warmen Küche unseres kleinen Häuschens am Rande der Stadt. Bei einer heißen Tasse Tee schmiedeten wir gemeinsam Pläne, was wir unternehmen könnten. Nach langem Hin und Her hatte Mutti plötzlich eine grandiose Idee.

„Heute ist doch Rosenmontag. Wir verkleiden uns und sehen uns den Karnevalsumzug live an. Das wird bestimmt lustig!" „Prima", jubelte ich und sprang ganz aufgeregt im Zimmer umher. „Weißt du, wo der alte Koffer ist, in den wir unsere abgelegten Kleidungsstücke und Kostüme gepackt haben?", drängte ich. Dann ________________________________ musste Mutter kurz überlegen, doch bald fiel ihr ein: „Der ist sicherlich auf dem Dachboden. Komm, wir steigen hinauf und suchen."

Dann ____________________________ sprang ich die Treppe hoch, denn der Zugang zu unserem kleinen, finsteren Speicher befindet sich in der zweiten Etage. Dann ________________ ____________________ öffnete ich die Luke und eine riesige Staubwolke fiel auf mich herab. Prustend stand ich unter der Öffnung und versuchte, die Spinnweben aus meinem Haar zu ziehen. Dann ____ kam auch schon meine Mutter die Treppe herauf. Als sie mich sah, meinte sie lachend: „Deine Haare brauchst du nun nicht mehr färben. Dieses Grau steht dir fabelhaft!"

Ohne weiter auf sie zu achten, zog ich die Dachbodenleiter herunter und stieg als Erste hinauf. Oben war es finster. „Mutti", rief ich zu ihr hinunter, „wir brauchen dringend eine Taschenlampe. Bringst du bitte noch eine mit?" Während ich im Halbdunkeln bereits zu suchen begann, hörte ich auf einmal ein lautes Poltern und fast im selben Augenblick einen unterdrückten Schrei. Dann

______________________________ sah ich nach unten. Dann ______________________________ sah ich meine Mutter auf dem Boden sitzend, denn die unterste Sprosse der Leiter war zerbrochen. „Hast du dich verletzt?", erkundigte ich mich besorgt. Ächzend und stöhnend rappelte sie sich auf und meinte ziemlich trocken, während dessen sie die Leiter emporstieg: „Nein! Es wird höchste Zeit, dass ich mit der Frühjahrsdiät beginne!"

Mithilfe des Taschenlampenlichts durchstöberten wir sämtliche Schachteln und Taschen, die auf dem Speicher aufgetürmt standen. Doch keiner von uns fand das Gesuchte. „So ein Mist", schimpfte ich, als wir uns eine halbe Stunde später den Weg zur Dachbodenleiter bahnten. Dann ______________________________ stolperte meine Mutter über einen abgewetzten schwarzen Koffer, der im Schein der Taschenlampe kaum sichtbar war. Dann ______________________________ zerrte ich an dem halb verrosteten Schloss bis es endlich aufsprang.

„Juhu! Da sind die Kleider!", schrieen wir gleichzeitig. Dann ______________________________ wühlten wir in der Kiste und jeder fand schnell etwas Passendes. Vollbepackt und überglücklich stiegen wir vorsichtig unsere marode Leiter hinab. Jetzt mussten wir uns beeilen, wenn wir den Karnevalsumzug nicht versäumen wollten. Rasch halfen wir uns gegenseitig mit unserer Verkleidung. Dann ______________________________ war aus meiner Mutter eine wunderschöne Fee geworden und aus mir eine richtig gruselig aussehende Hexe. Mit einem letzten Blick in den Spiegel stellten wir stolz fest: „In diesen Kostümen wird uns niemand erkennen."

Dann ______________________________ machten wir uns auf den Weg. Dann ______________________________ im Vorgarten wurde uns bewusst, dass es draußen viel zu kalt war. Dann ______________________________ hasteten wir schnell zurück ins Haus und zogen Schal, Mantel und Handschuhe an. Dann ______________________________ kamen wir zum Straßenzug. Während ich gebannt auf die fantasievoll geschmückten Wagen sah und versuchte, Süßigkeiten zu ergattern, brach meine Mutter plötzlich in schallendes Gelächter aus.

„Was ist denn los?", fragte ich verblüfft. Mutti zeigte auf mich und prustete: „Schau uns beide doch mal an!" Verwundert sah ich zunächst an mir herunter, dann sah ich sie genauer an. Dann ______________________________ ging mir ein Licht auf. „Viel Lärm um Nichts. Von unseren tollen Kostümen ist überhaupt nichts mehr zu sehen", bemerkte ich belustigt. Wir sahen aufgrund unserer Wintermäntel aus wie immer. Dann ______________________________ ließen wir uns unsere gute Laune nicht verderben.

Abwechslungsreiche Satzanfänge gesucht – Lösung

Ersetze „dann" durch passendere Satzanfänge.
Diese Wörter helfen dir dabei:

da – deshalb – doch schon – erschrocken – erst jetzt – gerade noch rechtzeitig – fünfzehn Minuten später – hastig – in der Zwischenzeit – in diesem Augenblick – jetzt – sofort – trotzdem – übermütig – ungeduldig – zufrieden

Achtung: Satzanfänge schreibt man immer groß!

Viel Lärm um Nichts

Es war ein eiskalter Februartag. Meine Mutter und ich saßen in der wohlig warmen Küche unseres kleinen Häuschens am Rande der Stadt. Bei einer heißen Tasse Tee schmiedeten wir gemeinsam Pläne, was wir unternehmen könnten. Nach langem Hin und Her hatte Mutti plötzlich eine grandiose Idee.

„Heute ist doch Rosenmontag. Wir verkleiden uns und sehen uns den Karnevalsumzug live an. Das wird bestimmt lustig!" „Prima", jubelte ich und sprang ganz aufgeregt im Zimmer umher. „Weißt du, wo der alte Koffer ist, in den wir unsere abgelegten Kleidungsstücke und Kostüme gepackt haben?", drängte ich. ~~Dann~~ *Jetzt* musste Mutter kurz überlegen, doch bald fiel ihr ein: „Der ist sicherlich auf dem Dachboden. Komm, wir steigen hinauf und suchen."

~~Dann~~ *Sofort* sprang ich die Treppe hoch, denn der Zugang zu unserem kleinen, finsteren Speicher befindet sich in der zweiten Etage. ~~Dann~~ *Übermütig* öffnete ich die Luke und eine riesige Staubwolke fiel auf mich herab. Prustend stand ich unter der Öffnung und versuchte, die Spinnweben aus meinem Haar zu ziehen. ~~Dann~~ *In der Zwischenzeit* kam auch schon meine Mutter die Treppe herauf. Als sie mich sah, meinte sie lachend: „Deine Haare brauchst du nun nicht mehr färben. Dieses Grau steht dir fabelhaft!"

Ohne weiter auf sie zu achten, zog ich die Dachbodenleiter herunter und stieg als Erste hinauf. Oben war es finster. „Mutti", rief ich zu ihr hinunter, „wir brauchen dringend eine Taschenlampe. Bringst du bitte noch eine mit?" Während ich im Halbdunkeln bereits zu suchen begann, hörte ich auf einmal ein lautes Poltern und fast im selben Augenblick einen unterdrückten Schrei. ~~Dann~~

Erschrocken sah ich nach unten. ~~Dann~~ *Da* sah ich meine Mutter auf dem Boden sitzend, denn die unterste Sprosse der Leiter war zerbrochen. „Hast du dich verletzt?", erkundigte ich mich besorgt. Ächzend und stöhnend rappelte sie sich auf und meinte ziemlich trocken, während dessen sie die Leiter emporstieg: „Nein! Es wird höchste Zeit, dass ich mit der Frühjahrsdiät beginne!"

Mithilfe des Taschenlampenlichts durchstöberten wir sämtliche Schachteln und Taschen, die auf dem Speicher aufgetürmt standen. Doch keiner von uns fand das Gesuchte. „So ein Mist", schimpfte ich, als wir uns eine halbe Stunde später den Weg zur Dachbodenleiter bahnten. ~~Dann~~ *In diesem Augenblick* stolperte meine Mutter über einen abgewetzten schwarzen Koffer, der im Schein der Taschenlampe kaum sichtbar war. ~~Dann~~ *Ungeduldig* zerrte ich an dem halb verrosteten Schloss bis es endlich aufsprang.

„Juhu! Da sind die Kleider!", schrieen wir gleichzeitig. ~~Dann~~ *Hastig* wühlten wir in der Kiste und jeder fand schnell etwas Passendes. Vollbepackt und überglücklich stiegen wir vorsichtig unsere marode Leiter hinab. Jetzt mussten wir uns beeilen, wenn wir den Karnevalsumzug nicht versäumen wollten. Rasch halfen wir uns gegenseitig mit unserer Verkleidung. ~~Dann~~ *Fünfzehn Minuten später* war aus meiner Mutter eine wunderschöne Fee geworden und aus mir eine richtig gruselig aussehende Hexe. Mit einem letzten Blick in den Spiegel stellten wir stolz fest: „In diesen Kostümen wird uns niemand erkennen."

~~Dann~~ *Zufrieden* machten wir uns auf den Weg. Dann *Doch schon* im Vorgarten wurde uns bewusst, dass es draußen viel zu kalt war. ~~Dann~~ *Deshalb* hasteten wir schnell zurück ins Haus und zogen Schal, Mantel und Handschuhe an. ~~Dann~~ *Gerade noch rechtzeitig* kamen wir zum Straßenzug. Während ich gebannt auf die fantasievoll geschmückten Wagen sah und versuchte, Süßigkeiten zu ergattern, brach meine Mutter plötzlich in schallendes Gelächter aus.

„Was ist denn los?", fragte ich verblüfft. Mutti zeigte auf mich und prustete: „Schau uns beide doch mal an!" Verwundert sah ich zunächst an mir herunter, dann sah ich sie genauer an. ~~Dann~~ *Erst jetzt* ging mir ein Licht auf. „Viel Lärm um Nichts. Von unseren tollen Kostümen ist überhaupt nichts mehr zu sehen", bemerkte ich belustigt. Wir sahen aufgrund unserer Wintermäntel aus wie immer. ~~Dann~~ *Trotzdem* ließen wir uns unsere gute Laune nicht verderben.

Synonyme für „sehen"

Die Erzählung „Viel Lärm um Nichts" ist schon besser. Trotzdem weist der Text eine Vielzahl von Wortwiederholungen auf. Ersetze das Wort „sah" durch geeignete sinnverwandte Wörter.

erblickte	**starrte**	**erkennen**	**schauten**
betrachtete	**entdeckte**	**blickte**	**spähte**

Viel Lärm um Nichts

Es war ein eiskalter Februartag. Meine Mutter und ich saßen in der wohlig warmen Küche unseres kleinen Häuschens am Rande der Stadt. Bei einer heißen Tasse Tee schmiedeten wir gemeinsam Pläne, was wir unternehmen könnten. Nach langem Hin und Her hatte Mutti plötzlich eine grandiose Idee.
„Heute ist doch Rosenmontag. Wir verkleiden uns und sehen uns den Karnevalsumzug live an. Das wird bestimmt lustig!" „Prima", jubelte ich und sprang ganz aufgeregt im Zimmer umher. „Weißt du, wo der alte Koffer ist, in den wir unsere abgelegten Kleidungsstücke und Kostüme gepackt haben?", drängte ich. Jetzt musste Mutter kurz überlegen, doch bald fiel ihr ein: „Der ist sicherlich auf dem Dachboden. Komm, wir steigen hinauf und suchen." Sofort sprang ich die Treppe hoch, denn der Zugang zu unserem kleinen, finsteren Speicher befindet sich in der zweiten Etage. Übermütig öffnete ich die Luke und eine riesige Staubwolke fiel auf mich herab. Prustend stand ich unter der Öffnung und versuchte, die Spinnweben aus meinem Haar zu ziehen. In der Zwischenzeit kam auch schon meine Mutter die Treppe herauf. Als sie mich sah ______________ ______________, meinte sie lachend: „Deine Haare brauchst du nun nicht mehr färben. Dieses Grau steht dir fabelhaft!" Ohne weiter auf sie zu achten, zog ich die Dachbodenleiter herunter und stieg als Erste hinauf. Oben war es finster. „Mutti", rief ich zu ihr hinunter, „wir brauchen dringend eine Taschenlampe. Bringst du bitte noch eine mit?" Während ich im Halbdunkeln bereits zu suchen begann, hörte ich auf einmal ein lautes Poltern und fast im selben Augenblick einen unterdrückten Schrei. Erschrocken sah ______________ ich nach unten. Da sah ______________ ich meine Mutter auf dem Boden sitzend, denn die unterste Sprosse der Leiter war zerbrochen. „Hast du dich verletzt?", erkundigte ich mich besorgt. Ächzend und stöhnend rappelte sie sich auf und meinte ziemlich tro-

Brigitte Penzenstadler: Schreibtraining in drei Kompetenzstufen – Band 2

cken, während dessen sie die Leiter emporstieg: „Nein! Es wird höchste Zeit, dass ich mit der Frühjahrsdiät beginne!“ Mithilfe des Taschenlampenlichts durchstöberten wir sämtliche Schachteln und Taschen, die auf dem Speicher aufgetürmt standen. Doch keiner von uns fand das Gesuchte. „So ein Mist“, schimpfte ich, als wir uns eine halbe Stunde später den Weg zur Dachbodenleiter bahnten. In diesem Augenblick stolperte meine Mutter über einen abgewetzten schwarzen Koffer, der im Schein der Taschenlampe kaum sichtbar war. Ungeduldig zerrte ich an dem halb verrosteten Schloss bis es endlich aufsprang. „Juhu! Da sind die Kleider!“, schrieen wir gleichzeitig. Hastig wühlten wir in der Kiste und jeder fand schnell etwas Passendes. Vollbepackt und überglücklich stiegen wir vorsichtig unsere marode Leiter hinab. Jetzt mussten wir uns beeilen, wenn wir den Karnevalsumzug nicht versäumen wollten. Rasch halfen wir uns gegenseitig mit unserer Verkleidung. Fünfzehn Minuten später war aus meiner Mutter eine wunderschöne Fee geworden und aus mir eine richtig gruselig aussehende Hexe.

Mit einem letzten Blick in den Spiegel stellten wir stolz fest: „In diesen Kostümen wird uns niemand erkennen.“ Zufrieden machten wir uns auf den Weg. Doch schon im Vorgarten wurde uns bewusst, dass es draußen viel zu kalt war. Deshalb hasteten wir schnell zurück ins Haus und zogen Schal, Mantel und Handschuhe an. Gerade noch rechtzeitig kamen wir zum Straßenzug. Während ich gebannt auf die fantasievoll geschmückten Wagen sah ____________________ und versuchte, Süßigkeiten zu ergattern, brach meine Mutter plötzlich in schallendes Gelächter aus. „Was ist denn los?“, fragte ich verblüfft. Mutti zeigte auf mich und prustete: „Sieh uns beide doch mal an!“ Verwundert sah ______________________________ ich zunächst an mir herunter, dann sah ______________________________ ich sie genauer an. Erst jetzt ging mir ein Licht auf. „Viel Lärm um Nichts. Von unseren tollen Kostümen ist überhaupt nichts mehr zu sehen ______________________________“, bemerkte ich belustigt. Wir sahen ______________________________ aufgrund unserer Wintermäntel aus wie immer. Trotzdem ließen wir uns unsere gute Laune nicht verderben.

Synonyme für „sehen" – Lösung

Die Erzählung „Viel Lärm um Nichts" ist schon besser. Trotzdem weist der Text eine Vielzahl von Wortwiederholungen auf. Ersetze das Wort „sah" durch geeignete sinnverwandte Wörter.

erblickte	**starrte**	**erkennen**	**schauten**
betrachtete	**entdeckte**	**blickte**	**spähte**

Viel Lärm um Nichts

Es war ein eiskalter Februartag. Meine Mutter und ich saßen in der wohlig warmen Küche unseres kleinen Häuschens am Rande der Stadt. Bei einer heißen Tasse Tee schmiedeten wir gemeinsam Pläne, was wir unternehmen könnten. Nach langem Hin und Her hatte Mutti plötzlich eine grandiose Idee.

„Heute ist doch Rosenmontag. Wir verkleiden uns und sehen uns den Karnevalsumzug live an. Das wird bestimmt lustig!" „Prima", jubelte ich und sprang ganz aufgeregt im Zimmer umher. „Weißt du, wo der alte Koffer ist, in den wir unsere abgelegten Kleidungsstücke und Kostüme gepackt haben?", drängte ich. Jetzt musste Mutter kurz überlegen, doch bald fiel ihr ein: „Der ist sicherlich auf dem Dachboden. Komm, wir steigen hinauf und suchen." Sofort sprang ich die Treppe hoch, denn der Zugang zu unserem kleinen, finsteren Speicher befindet sich in der zweiten Etage. Übermütig öffnete ich die Luke und eine riesige Staubwolke fiel auf mich herab. Prustend stand ich unter der Öffnung und versuchte, die Spinnweben aus meinem Haar zu ziehen. In der Zwischenzeit kam auch schon meine Mutter die Treppe herauf. Als sie mich ~~sah~~ *erblickte*, meinte sie lachend: „Deine Haare brauchst du nun nicht mehr färben. Dieses Grau steht dir fabelhaft!" Ohne weiter auf sie zu achten, zog ich die Dachbodenleiter herunter und stieg als Erste hinauf. Oben war es finster. „Mutti", rief ich zu ihr hinunter, „wir brauchen dringend eine Taschenlampe. Bringst du bitte noch eine mit?" Während ich im Halbdunkeln bereits zu suchen begann, hörte ich auf einmal ein lautes Poltern und fast im selben Augenblick einen unterdrückten Schrei. Erschrocken ~~sah~~ *spähte* ich nach unten. Da ~~sah~~ *entdeckte* ich meine Mutter auf dem Boden sitzend, denn die unterste Sprosse der Leiter war zerbrochen. „Hast du dich verletzt?", erkundigte ich mich besorgt. Ächzend und stöhnend rappelte sie sich auf und meinte ziemlich trocken, während dessen sie die Leiter emporstieg: „Nein! Es wird höchste Zeit, dass ich mit der Frühjahrsdiät beginne!" Mithilfe des Taschenlampenlichts durchstöberten wir sämtliche Schachteln und Taschen, die auf dem Speicher aufgetürmt standen. Doch keiner von uns fand das Gesuchte. „So ein Mist", schimpfte ich, als wir uns eine halbe Stunde später den Weg zur Dachbodenleiter bahnten. In diesem Augenblick stolperte meine Mutter über einen abgewetzten schwarzen Koffer, der im Schein der Taschenlampe kaum sichtbar war. Ungeduldig zerrte ich an dem halb verrosteten Schloss bis es endlich aufsprang. „Juhu! Da sind die Kleider!", schrieen wir gleichzeitig. Hastig wühlten wir in der Kiste und jeder fand schnell etwas Passendes. Vollbepackt und überglücklich stiegen wir vorsichtig unsere marode Leiter hinab. Jetzt mussten wir uns beeilen, wenn wir den Karnevalsumzug nicht versäumen wollten. Rasch halfen wir uns gegenseitig mit unserer Verkleidung. Fünfzehn Minuten später war aus meiner Mutter eine wunderschöne Fee geworden und aus mir eine richtig gruselig aussehende Hexe.

Mit einem letzten Blick in den Spiegel stellten wir stolz fest: „In diesen Kostümen wird uns niemand erkennen." Zufrieden machten wir uns auf den Weg. Doch schon im Vorgarten wurde uns bewusst, dass es draußen viel zu kalt war. Deshalb hasteten wir schnell zurück ins Haus und zogen Schal, Mantel und Handschuhe an. Gerade noch rechtzeitig kamen wir zum Straßenzug. Während ich gebannt auf die fantasievoll geschmückten Wagen ~~sah~~ *starrte* und versuchte, Süßigkeiten zu ergattern, brach meine Mutter plötzlich in schallendes Gelächter aus. „Was ist denn los?", fragte ich verblüfft. Mutti zeigte auf mich und prustete: „Sieh uns beide doch mal an!" Verwundert ~~sah~~ *blickte* ich zunächst an mir herunter, dann ~~sah~~ *betrachtete* ich sie genauer ~~an~~. Erst jetzt ging mir ein Licht auf. „Viel Lärm um Nichts. Von unseren tollen Kostümen ist überhaupt nichts mehr zu ~~sehen~~ *erkennen*", bemerkte ich belustigt. Wir ~~sahen~~ *schauten* aufgrund unserer Wintermäntel aus wie immer. Trotzdem ließen wir uns unsere gute Laune nicht verderben.

Ideenbörse

Du hattest gewiss schon viele tolle Erlebnisse in deinem Leben.
Sammle zuerst alle möglichen Erlebnisse.
Denke daran, es sind nicht außergewöhnliche Erlebnisse gefragt, sondern die kleinen Erlebnisse des Alltags.

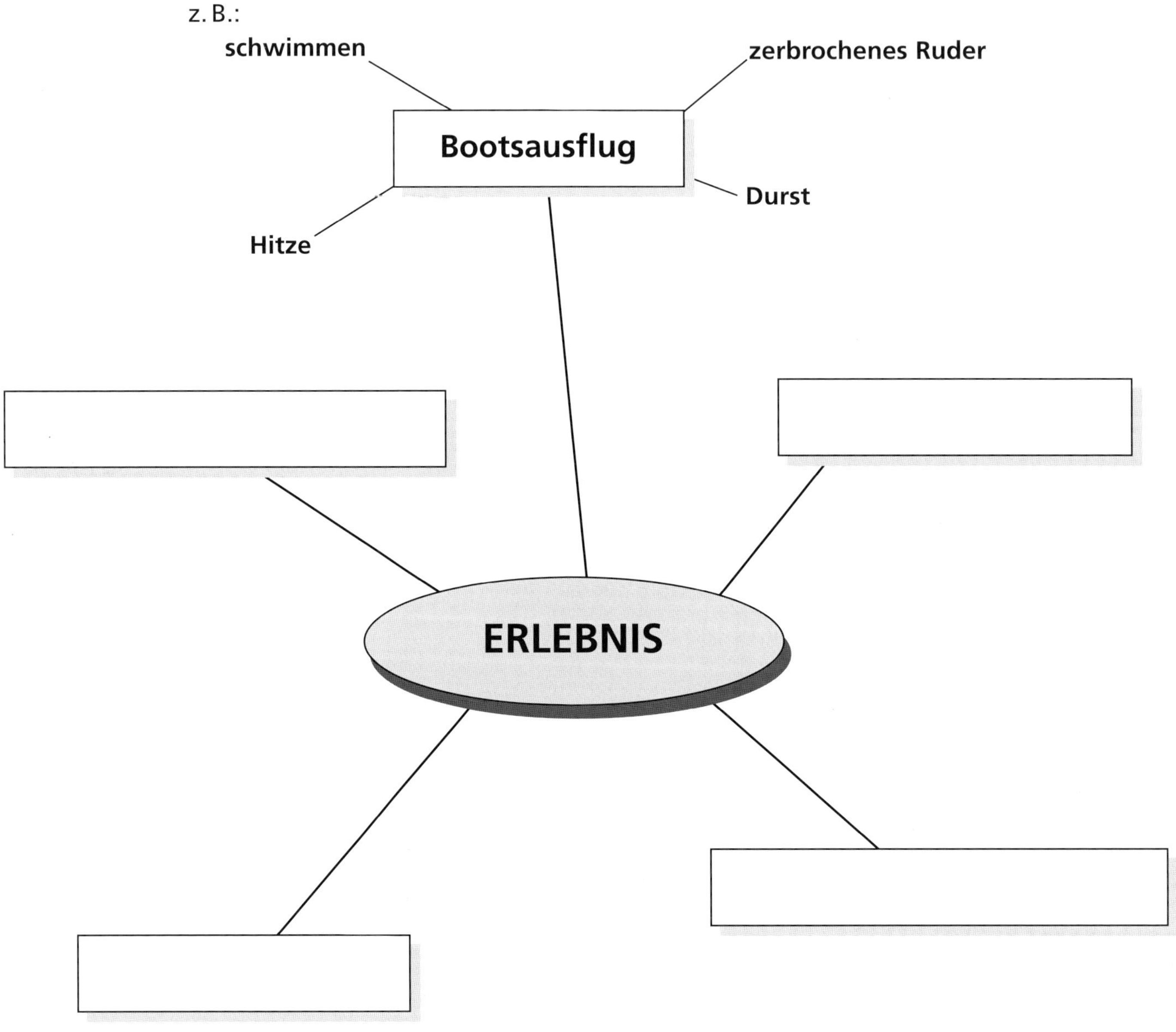

Markiere nun dein bestes Erlebnis farbig.
Notiere dir dazu weitere Einzelheiten, die für deine Erzählung wichtig sind.
Erzähle dein Erlebnis zuerst mündlich und schreibe es dann auf.

Schreibe auch keine Fantasiegeschichte, die du für wirklich erlebt ausgibst.

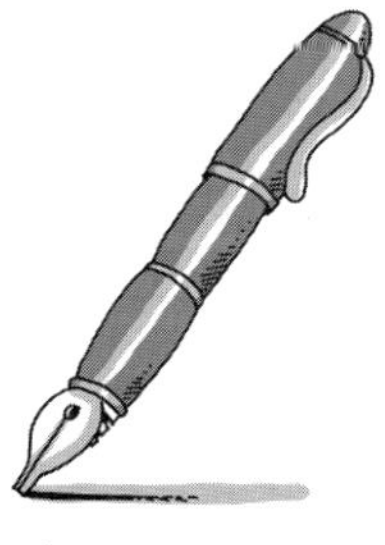

Schreibaufgabe

Schreibe nun selbst eine Erlebniserzählung, indem du den Erzählanfang fortsetzt. Wenn du dir unsicher bist, schlage in deinem Aufsatzheft nach.

An einem schönen warmen Sommertag saßen mein Bruder Timo und ich auf der Wiese hinter unserem Haus und beobachteten Käfer, die auf den Grashalmen umherkrabbelten.
Schon bald wurde uns langweilig und wir überlegten angestrengt, was wir gemeinsam unternehmen könnten. Plötzlich hatte ich einen tollen Einfall.

!

- Erzähle die Geschichte logisch weiter.
  Beachte: Es sind nicht die außergewöhnlichen Erlebnisse gefragt, sondern die kleinen Erlebnisse des Alltags.
- Schreibe nur von einem einzigen Erlebnis.
- Verwende die wörtliche Rede.
- Formuliere abwechslungsreiche Satzanfänge.
- Erzähle in der 1. Vergangenheit.
- Gib deiner Erlebniserzählung eine originelle Überschrift, die den Leser neugierig macht.

Kontrolliere zum Schluss, ob deine Geschichte alle obigen Punkte erfüllt hat.

Schreibkonferenz

Eine Schreibkonferenz hilft euch, eure Erlebniserzählung noch besser zu gestalten. Selbst Bestsellerautoren lesen und überarbeiten ihre Werke immer wieder, bevor sie diese veröffentlichen. Dabei erhalten sie oft viele wertvolle Tipps von anderen.

Bildet für eure Schreibkonferenz eine Gruppe von höchstens drei bis vier Personen. Vielleicht können sogar eure Textprodukte von eurer Lehrkraft in der entsprechenden Anzahl kopiert werden.

Führt anschließend eine Schreibkonferenz durch:

① Ein Gruppenmitglied liest seine Erlebniserzählung laut vor. Hört dem Leser aufmerksam zu. Informiert den Autor über euren ersten Eindruck, dabei muss mindestens ein guter Punkt erwähnt werden.

② Während das Geschriebene ein zweites Mal langsam vorgelesen wird, macht euch stichpunktartig Notizen auf dem **Schreibkonferenzbogen – Erlebniserzählung.**

③ Teilt eure Aufzeichnungen höflich der Schreiberin oder dem Schreiber mit. Macht gemeinsam sinnvolle Verbesserungsvorschläge, die dem Autor wirklich helfen.

④ Nun ist der oder die Nächste an der Reihe, das Geschriebene vorzutragen. Wiederholt diesen Vorgang so lange, bis jedes Gruppenmitglied sein Werk vorgestellt und Tipps erhalten hat. Dann verbessert eure Geschichten.

Schreibkonferenzbogen – Erlebniserzählung

Name des Autors: ______________________________

Überschrift des Textes: ______________________________

	☺	☹	Verbesserungsvorschlag
1. Hat die Erzählung eine Überschrift, die den Leser neugierig macht?			
2. Ist das Erlebnis glaubhaft (keine Fantasieerzählung)?			
3. Sind die Satzanfänge abwechslungsreich?			

______________________ ______________________________

Datum Unterschrift des Schreibkonferenzmitglieds

Wortfeld „sehen"

1. Hier haben sich sinnverwandte Wörter zu „sehen" versteckt. Zusammengesetzt ergeben die Silben 26 Synonyme. Findest du sie alle?

ach – an – äu – be – be – be – bli – bli – blin – cken – cken – cken – cken – de – en – ent – er – er – er – fas – fen – fen – fi – gaf – gen – gen – gen – gi – glot – gu – hen – ken – len – lin - lu – men – mus – neh – nen – ob – prü – re – ren – ren – ren – ren – schau – schie – sen – sen – sich – sich – spä – star – stie – strie – ten – ten – ten – tern – ti – trach – wahr – xie – zen – zeln

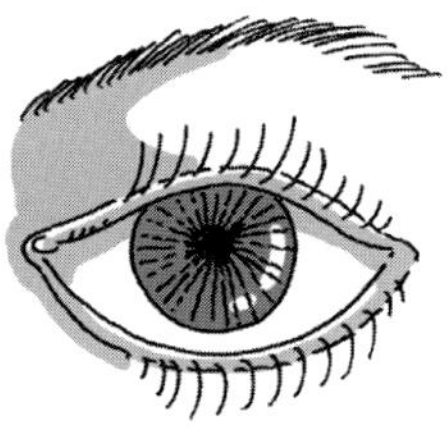

2. Schreibe zu acht Wörtern deiner Wahl je einen ganzen Satz auf, in dem das entsprechende Wort im geeigneten Sinn enthalten ist.

Wortfeld „sehen" – Lösung

1. Hier haben sich sinnverwandte Wörter zu „sehen" versteckt. Zusammengesetzt ergeben die Silben 26 Synonyme. Findest du sie alle?

ach – an – äu – be – be – be – bli – bli – blin – cken – cken – cken – cken – de – en – ent – er – er – er – fas – fen – fen – fi – gaf – gen – gen – gen – gi – glot – gu – hen – ken – len – lin - lu – men – mus – neh – nen – ob – prü – re – ren – ren – ren – ren – schau – schie – sen – sen – sich – sich – spä – star – stie – strie – ten – ten – ten – tern – ti – trach – wahr – xie – zen – zeln

anblicken	*schauen*
betrachten	*beobachten*
besichtigen	*glotzen*
gucken	*starren*
erkennen	*blinzeln*
entdecken	*erblicken*
erfassen	*spähen*
fixieren	*gaffen*
linsen	*lugen*
mustern	*prüfen*
schielen	*registrieren*
äugen	*sichten*
stieren	*wahrnehmen*

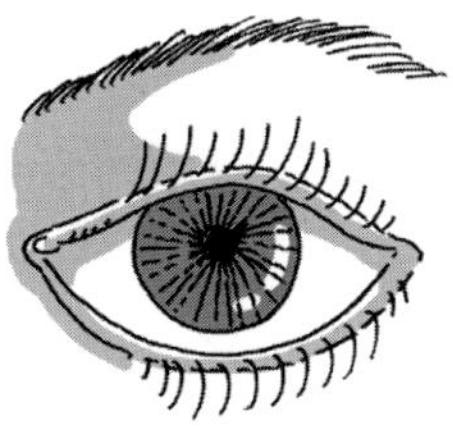

2. Schreibe zu acht Wörtern deiner Wahl je einen ganzen Satz auf, in dem das entsprechende Wort im geeigneten Sinn enthalten ist.

Z. B. Wir besichtigten eine alte Burg.

Vorsichtig lugte er um die Ecke.

Prüfend musterte mich die Frau von oben bis unten.

Viel Lärm um Nichts

Hier ist einiges durcheinander geraten. Kannst du die Erlebniserzählung wieder in die richtige Reihenfolge bringen? Doch Vorsicht: Es fehlt der Schluss. Schneide die einzelnen Abschnitte aus, klebe sie korrekt auf und ergänze den Schluss.

Es war ein eiskalter Februartag. Meine Mutter und ich saßen in der wohlig warmen Küche unseres kleinen Häuschens am Rande der Stadt. Bei einer heißen Tasse Tee schmiedeten wir gemeinsam Pläne, was wir unternehmen könnten. Nach langem Hin und Her hatte Mutti plötzlich eine grandiose Idee.

„Juhu! Da sind die Kleider!", schrieen wir gleichzeitig. Dann wühlten wir in der Kiste und jeder fand schnell etwas Passendes. Vollbepackt und überglücklich stiegen wir vorsichtig unsere marode Leiter hinab. Jetzt mussten wir uns beeilen, wenn wir den Karnevalsumzug nicht versäumen wollten. Rasch halfen wir uns gegenseitig mit unserer Verkleidung. Dann war aus meiner Mutter eine wunderschöne Fee geworden und aus mir eine richtig gruselig aussehende Hexe. Mit einem letzten Blick in den Spiegel stellten wir stolz fest: „In diesen Kostümen wird uns niemand erkennen."

Mithilfe des Taschenlampenlichts durchstöberten wir sämtliche Schachteln und Taschen, die auf dem Speicher aufgetürmt standen. Doch keiner von uns fand das Gesuchte. „So ein Mist", schimpfte ich, als wir uns eine halbe Stunde später den Weg zur Dachbodenleiter bahnten. Dann stolperte meine Mutter über einen abgewetzten schwarzen Koffer, der im Schein der Taschenlampe kaum sichtbar war. Dann zerrte ich an dem halb verrosteten Schloss bis es endlich aufsprang.

Dann sprang ich die Treppe hoch, denn der Zugang zu unserem kleinen, finsteren Speicher befindet sich in der zweiten Etage. Dann öffnete ich die Luke und eine riesige Staubwolke fiel auf mich herab. Prustend stand ich unter der Öffnung und versuchte, die Spinnweben aus meinem Haar zu ziehen. Dann kam auch schon meine Mutter die Treppe herauf. Als sie mich sah, meinte sie lachend: „Deine Haare brauchst du nun nicht mehr färben. Dieses Grau steht dir fabelhaft!"

„Heute ist doch Rosenmontag. Wir verkleiden uns und sehen uns den Karnevalsumzug live an. Das wird bestimmt lustig!" „Prima", jubelte ich und sprang ganz aufgeregt im Zimmer umher. „Weißt du, wo der alte Koffer ist, in den wir unsere abgelegten Kleidungsstücke und Kostüme gepackt haben?", drängte ich. Dann musste Mutter kurz überlegen, doch bald fiel ihr ein: „Der ist sicherlich auf dem Dachboden. Komm, wir steigen hinauf und suchen."

Dann machten wir uns auf den Weg. Doch dann im Vorgarten wurde uns bewusst, dass es draußen viel zu kalt war. Dann hasteten wir schnell zurück ins Haus und zogen Schal, Mantel und Handschuhe an. Dann kamen wir zum Straßenzug. Während ich gebannt auf die fantasievoll geschmückten Wagen sah und versuchte, Süßigkeiten zu ergattern, brach meine Mutter plötzlich in schallendes Gelächter aus.

Ohne weiter auf sie zu achten, zog ich die Dachbodenleiter herunter und stieg als Erste hinauf. Oben war es finster. „Mutti", rief ich zu ihr hinunter, „wir brauchen dringend eine Taschenlampe. Bringst du bitte noch eine mit?" Während ich im Halbdunkeln bereits zu suchen begann, hörte ich auf einmal ein lautes Poltern und fast im selben Augenblick einen unterdrückten Schrei. Dann sah ich nach unten. Dann sah ich meine Mutter auf dem Boden sitzend, denn die unterste Sprosse der Leiter war zerbrochen. „Hast du dich verletzt?", erkundigte ich mich besorgt. Ächzend und stöhnend rappelte sie sich auf und meinte ziemlich trocken, während dessen sie die Leiter emporstieg: „Nein! Es wird höchste Zeit, dass ich mit der Frühjahrsdiät beginne!"

Viel Lärm um Nichts – Lösung

Hier ist einiges durcheinander geraten. Kannst du die Erlebniserzählung wieder in die richtige Reihenfolge bringen? Doch Vorsicht: Es fehlt der Schluss. Schneide die einzelnen Abschnitte aus, klebe sie korrekt auf und ergänze den Schluss.

Es war ein eiskalter Februartag. Meine Mutter und ich saßen in der wohlig warmen Küche unseres kleinen Häuschens am Rande der Stadt. Bei einer heißen Tasse Tee schmiedeten wir gemeinsam Pläne, was wir unternehmen könnten. Nach langem Hin und Her hatte Mutti plötzlich eine grandiose Idee.

„Juhu! Da sind die Kleider!", schrieen wir gleichzeitig. Dann wühlten wir in der Kiste und jeder fand schnell etwas Passendes. Vollbepackt und überglücklich stiegen wir vorsichtig unsere marode Leiter hinab. Jetzt mussten wir uns beeilen, wenn wir den Karnevalsumzug nicht versäumen wollten. Rasch halfen wir uns gegenseitig mit unserer Verkleidung. Dann war aus meiner Mutter eine wunderschöne Fee geworden und aus mir eine richtig gruselig aussehende Hexe. Mit einem letzten Blick in den Spiegel stellten wir stolz fest: „In diesen Kostümen wird uns niemand erkennen."

Mithilfe des Taschenlampenlichts durchstöberten wir sämtliche Schachteln und Taschen, die auf dem Speicher aufgetürmt standen. Doch keiner von uns fand das Gesuchte. „So ein Mist", schimpfte ich, als wir uns eine halbe Stunde später den Weg zur Dachbodenleiter bahnten. Dann stolperte meine Mutter über einen abgewetzten schwarzen Koffer, der im Schein der Taschenlampe kaum sichtbar war. Dann zerrte ich an dem halb verrosteten Schloss bis es endlich aufsprang.

Dann sprang ich die Treppe hoch, denn der Zugang zu unserem kleinen, finsteren Speicher befindet sich in der zweiten Etage. Dann öffnete ich die Luke und eine riesige Staubwolke fiel auf mich herab. Prustend stand ich unter der Öffnung und versuchte, die Spinnweben aus meinem Haar zu ziehen. Dann kam auch schon meine Mutter die Treppe herauf. Als sie mich sah, meinte sie lachend: „Deine Haare brauchst du nun nicht mehr färben. Dieses Grau steht dir fabelhaft!"

Brigitte Penzenstadler: Schreibtraining in drei Kompetenzstufen – Band 2

„Heute ist doch Rosenmontag. Wir verkleiden uns und sehen uns den Karnevalsumzug live an. Das wird bestimmt lustig!" „Prima", jubelte ich und sprang ganz aufgeregt im Zimmer umher. „Weißt du, wo der alte Koffer ist, in den wir unsere abgelegten Kleidungsstücke und Kostüme gepackt haben?", drängte ich. Dann musste Mutter kurz überlegen, doch bald fiel ihr ein: „Der ist sicherlich auf dem Dachboden. Komm, wir steigen hinauf und suchen."

Dann machten wir uns auf den Weg. Doch dann im Vorgarten wurde uns bewusst, dass es draußen viel zu kalt war. Dann hasteten wir schnell zurück ins Haus und zogen Schal, Mantel und Handschuhe an. Dann kamen wir zum Straßenzug. Während ich gebannt auf die fantasievoll geschmückten Wagen sah und versuchte, Süßigkeiten zu ergattern, brach meine Mutter plötzlich in schallendes Gelächter aus.

Ohne weiter auf sie zu achten, zog ich die Dachbodenleiter herunter und stieg als Erste hinauf. Oben war es finster. „Mutti", rief ich zu ihr hinunter, „wir brauchen dringend eine Taschenlampe. Bringst du bitte noch eine mit?" Während ich im Halbdunkeln bereits zu suchen begann, hörte ich auf einmal ein lautes Poltern und fast im selben Augenblick einen unterdrückten Schrei. Dann sah ich nach unten. Dann sah ich meine Mutter auf dem Boden sitzend, denn die unterste Sprosse der Leiter war zerbrochen. „Hast du dich verletzt?", erkundigte ich mich besorgt. Ächzend und stöhnend rappelte sie sich auf und meinte ziemlich trocken, während dessen sie die Leiter emporstieg: „Nein! Es wird höchste Zeit, dass ich mit der Frühjahrsdiät beginne!"

Vorschlag:

„Was ist denn los?", fragte ich verblüfft. Mutti zeigte auf mich und prustete: „Schau uns beide doch mal an!" Verwundert sah ich zunächst an mir herunter, dann sah ich sie genauer an. Dann ging mir ein Licht auf. „Viel Lärm um Nichts. Von unseren tollen Kostümen ist überhaupt nichts mehr zu sehen", bemerkte ich belustigt. Wir sahen aufgrund unserer Wintermäntel aus wie immer. Dann ließen wir uns unsere gute Laune nicht verderben.

Abwechslungsreiche Satzanfänge gesucht – Lösung

1. Ersetze „dann" durch passendere Satzanfänge.

Viel Lärm um Nichts

Es war ein eiskalter Februartag. Meine Mutter und ich saßen in der wohlig warmen Küche unseres kleinen Häuschens am Rande der Stadt. Bei einer heißen Tasse Tee schmiedeten wir gemeinsam Pläne, was wir unternehmen könnten. Nach langem Hin und Her hatte Mutti plötzlich eine grandiose Idee.

„Heute ist doch Rosenmontag. Wir verkleiden uns und sehen uns den Karnevalsumzug live an. Das wird bestimmt lustig!" „Prima", jubelte ich und sprang ganz aufgeregt im Zimmer umher. „Weißt du, wo der alte Koffer ist, in den wir unsere abgelegten Kleidungsstücke und Kostüme gepackt haben?", drängte ich. Dann ______________________________ musste Mutter kurz überlegen, doch bald fiel ihr ein: „Der ist sicherlich auf dem Dachboden. Komm, wir steigen hinauf und suchen."

Dann __________________________ sprang ich die Treppe hoch, denn der Zugang zu unserem kleinen, finsteren Speicher befindet sich in der zweiten Etage. Dann ________________ ____________________ öffnete ich die Luke und eine riesige Staubwolke fiel auf mich herab. Prustend stand ich unter der Öffnung und versuchte, die Spinnweben aus meinem Haar zu ziehen. Dann ____________________________________ kam auch schon meine Mutter die Treppe herauf. Als sie mich sah, meinte sie lachend: „Deine Haare brauchst du nun nicht mehr färben. Dieses Grau steht dir fabelhaft!"

Ohne weiter auf sie zu achten, zog ich die Dachbodenleiter herunter und stieg als Erste hinauf. Oben war es finster. „Mutti", rief ich zu ihr hinunter, „wir brauchen dringend eine Taschenlampe. Bringst du bitte noch eine mit?" Während ich im Halbdunkeln bereits zu suchen begann, hörte ich auf einmal ein lautes Poltern und fast im selben Augenblick einen unterdrückten Schrei. Dann ______________________________ sah ich nach unten. Dann ______________________ sah ich meine Mutter auf dem Boden sitzend, denn die unterste Sprosse der Leiter war zerbrochen. „Hast du dich verletzt?", erkundigte ich mich besorgt. Ächzend und stöhnend rappelte sie sich auf und meinte ziemlich trocken, während dessen sie die Leiter emporstieg: „Nein! Es wird höchste Zeit, dass ich mit der Frühjahrsdiät beginne!"

Mithilfe des Taschenlampenlichts durchstöberten wir sämtliche Schachteln und Taschen, die auf dem Speicher aufgetürmt standen. Doch keiner von uns fand das Gesuchte. „So ein Mist", schimpfte ich, als wir uns eine halbe Stunde später den Weg zur Dachbodenleiter bahnten. Dann

__________________________ stolperte meine Mutter über einen abgewetzten schwarzen Koffer, der im Schein der Taschenlampe kaum sichtbar war. Dann __________________________ zerrte ich an dem halb verrosteten Schloss bis es endlich aufsprang.

„Juhu! Da sind die Kleider!“, schrieen wir gleichzeitig. Dann __________________ wühlten wir in der Kiste und jeder fand schnell etwas Passendes. Vollbepackt und überglücklich stiegen wir vorsichtig unsere marode Leiter hinab. Jetzt mussten wir uns beeilen, wenn wir den Karnevalsumzug nicht versäumen wollten. Rasch halfen wir uns gegenseitig mit unserer Verkleidung. Dann __________________________ war aus meiner Mutter eine wunderschöne Fee geworden und aus mir eine richtig gruselig aussehende Hexe. Mit einem letzten Blick in den Spiegel stellten wir stolz fest: „In diesen Kostümen wird uns niemand erkennen.“

Dann ____________________ machten wir uns auf den Weg. Dann __________________________ im Vorgarten wurde uns bewusst, dass es draußen viel zu kalt war. Dann __________________________ hasteten wir schnell zurück ins Haus und zogen Schal, Mantel und Handschuhe an. Dann __________________________ kamen wir zum Straßenzug. Während ich gebannt auf die fantasievoll geschmückten Wagen sah und versuchte, Süßigkeiten zu ergattern, brach meine Mutter plötzlich in schallendes Gelächter aus.

„Was ist denn los?“, fragte ich verblüfft. Mutti zeigte auf mich und prustete: „Schau uns beide doch mal an!“ Verwundert sah ich zunächst an mir herunter, dann sah ich sie genauer an. Dann __________________________ ging mir ein Licht auf. „Viel Lärm um Nichts. Von unseren tollen Kostümen ist überhaupt nichts mehr zu sehen“, bemerkte ich belustigt. Wir sahen aufgrund unserer Wintermäntel aus wie immer. Dann ____________________ ließen wir uns unsere gute Laune nicht verderben.

2. Kennst du weitere Satzanfänge? Notiere sie.

____

____

____

____

____

Abwechslungsreiche Satzanfänge gesucht – Lösung

1. Ersetze „dann" durch passendere Satzanfänge.

Viel Lärm um Nichts

Es war ein eiskalter Februartag. Meine Mutter und ich saßen in der wohlig warmen Küche unseres kleinen Häuschens am Rande der Stadt. Bei einer heißen Tasse Tee schmiedeten wir gemeinsam Pläne, was wir unternehmen könnten. Nach langem Hin und Her hatte Mutti plötzlich eine grandiose Idee.

„Heute ist doch Rosenmontag. Wir verkleiden uns und sehen uns den Karnevalsumzug live an. Das wird bestimmt lustig!" „Prima", jubelte ich und sprang ganz aufgeregt im Zimmer umher. „Weißt du, wo der alte Koffer ist, in den wir unsere abgelegten Kleidungsstücke und Kostüme gepackt haben?", drängte ich. ~~Dann~~ *Jetzt* musste Mutter kurz überlegen, doch bald fiel ihr ein: „Der ist sicherlich auf dem Dachboden. Komm, wir steigen hinauf und suchen."

~~Dann~~ *Sofort* sprang ich die Treppe hoch, denn der Zugang zu unserem kleinen, finsteren Speicher befindet sich in der zweiten Etage. ~~Dann~~ *Übermütig* öffnete ich die Luke und eine riesige Staubwolke fiel auf mich herab. Prustend stand ich unter der Öffnung und versuchte, die Spinnweben aus meinem Haar zu ziehen. ~~Dann~~ *In der Zwischenzeit* kam auch schon meine Mutter die Treppe herauf. Als sie mich sah, meinte sie lachend: „Deine Haare brauchst du nun nicht mehr färben. Dieses Grau steht dir fabelhaft!"

Ohne weiter auf sie zu achten, zog ich die Dachbodenleiter herunter und stieg als Erste hinauf. Oben war es finster. „Mutti", rief ich zu ihr hinunter, „wir brauchen dringend eine Taschenlampe. Bringst du bitte noch eine mit?" Während ich im Halbdunkeln bereits zu suchen begann, hörte ich auf einmal ein lautes Poltern und fast im selben Augenblick einen unterdrückten Schrei. ~~Dann~~ *Erschrocken* sah ich nach unten. ~~Dann~~ *Da* sah ich meine Mutter auf dem Boden sitzend, denn die unterste Sprosse der Leiter war zerbrochen. „Hast du dich verletzt?", erkundigte ich mich besorgt. Ächzend und stöhnend rappelte sie sich auf und meinte ziemlich trocken, während dessen sie die Leiter emporstieg: „Nein! Es wird höchste Zeit, dass ich mit der Frühjahrsdiät beginne!"

Mithilfe des Taschenlampenlichts durchstöberten wir sämtliche Schachteln und Taschen, die auf dem Speicher aufgetürmt standen. Doch keiner von uns fand das Gesuchte. „So ein Mist", schimpfte ich, als wir uns eine halbe Stunde später den Weg zur Dachbodenleiter bahnten. ~~Dann~~

In diesem Augenblick stolperte meine Mutter über einen abgewetzten schwarzen Koffer, der im Schein der Taschenlampe kaum sichtbar war. ~~Dann~~ *Ungeduldig* zerrte ich an dem halb verrosteten Schloss bis es endlich aufsprang.

„Juhu! Da sind die Kleider!“, schrieen wir gleichzeitig. ~~Dann~~ *Hastig* wühlten wir in der Kiste und jeder fand schnell etwas Passendes. Vollbepackt und überglücklich stiegen wir vorsichtig unsere marode Leiter hinab. Jetzt mussten wir uns beeilen, wenn wir den Karnevalsumzug nicht versäumen wollten. Rasch halfen wir uns gegenseitig mit unserer Verkleidung. ~~Dann~~ *Fünfzehn Minuten später* war aus meiner Mutter eine wunderschöne Fee geworden und aus mir eine richtig gruselig aussehende Hexe. Mit einem letzten Blick in den Spiegel stellten wir stolz fest: „In diesen Kostümen wird uns niemand erkennen.“

~~Dann~~ *Zufrieden* machten wir uns auf den Weg. Dann *Doch schon* im Vorgarten wurde uns bewusst, dass es draußen viel zu kalt war. ~~Dann~~ *Deshalb* hasteten wir schnell zurück ins Haus und zogen Schal, Mantel und Handschuhe an. ~~Dann~~ *Gerade noch rechtzeitig* kamen wir zum Straßenzug. Während ich gebannt auf die fantasievoll geschmückten Wagen sah und versuchte, Süßigkeiten zu ergattern, brach meine Mutter plötzlich in schallendes Gelächter aus.

„Was ist denn los?“, fragte ich verblüfft. Mutti zeigte auf mich und prustete: „Schau uns beide doch mal an!“ Verwundert sah ich zunächst an mir herunter, dann sah ich sie genauer an. ~~Dann~~ *Erst jetzt* ging mir ein Licht auf. „Viel Lärm um Nichts. Von unseren tollen Kostümen ist überhaupt nichts mehr zu sehen“, bemerkte ich belustigt. Wir sahen aufgrund unserer Wintermäntel aus wie immer. ~~Dann~~ *Trotzdem* ließen wir uns unsere gute Laune nicht verderben.

2. Kennst du weitere Satzanfänge? Notiere sie.

ein paar Minuten/Sekunden später, schnell, ebenfalls, zudem, weiterhin, außerdem, zu allem Überfluss, außerordentlich, einen Augenblick später, unverhofft, daraufhin, plötzlich, später, auf einmal, als, kurz darauf, überraschenderweise, unerwartet, anschließend, auch, zugleich, nach einiger Zeit, ...

Synonyme finden

Die Erzählung „Viel Lärm um Nichts" ist schon besser. Trotzdem weist der Text eine Vielzahl von Wortwiederholungen auf. Um welches Wort handelt es sich? Notiere es.

Streiche es durch und ersetze es durch geeignete sinnverwandte Wörter!

Viel Lärm um Nichts

Es war ein eiskalter Februartag. Meine Mutter und ich saßen in der wohlig warmen Küche unseres kleinen Häuschens am Rande der Stadt. Bei einer heißen Tasse Tee schmiedeten wir gemeinsam Pläne, was wir unternehmen könnten. Nach langem Hin und Her hatte Mutti plötzlich eine grandiose Idee.

„Heute ist doch Rosenmontag. Wir verkleiden uns und sehen uns den Karnevalsumzug live an. Das wird bestimmt lustig!" „Prima", jubelte ich und sprang ganz aufgeregt im Zimmer umher. „Weißt du, wo der alte Koffer ist, in den wir unsere abgelegten Kleidungsstücke und Kostüme gepackt haben?", drängte ich. Jetzt musste Mutter kurz überlegen, doch bald fiel ihr ein: „Der ist sicherlich auf dem Dachboden. Komm, wir steigen hinauf und suchen." Sofort sprang ich die Treppe hoch, denn der Zugang zu unserem kleinen, finsteren Speicher befindet sich in der zweiten Etage. Übermütig öffnete ich die Luke und eine riesige Staubwolke fiel auf mich herab. Prustend stand ich unter der Öffnung und versuchte, die Spinnweben aus meinem Haar zu ziehen. In der Zwischenzeit kam auch schon meine Mutter die Treppe herauf. Als sie mich sah, meinte sie lachend: „Deine Haare brauchst du nun nicht mehr färben. Dieses Grau steht dir fabelhaft!" Ohne weiter auf sie zu achten, zog ich die Dachbodenleiter herunter und stieg als Erste hinauf. Oben war es finster. „Mutti", rief ich zu ihr hinunter, „wir brauchen dringend eine Taschenlampe. Bringst du bitte noch eine mit?" Während ich im Halbdunkeln bereits zu suchen begann, hörte ich auf einmal ein lautes Poltern und fast im selben Augenblick einen unterdrückten Schrei. Erschrocken sah ich nach unten. Da sah ich meine Mutter auf dem Boden sitzend, denn die unterste Sprosse der Leiter war zerbrochen. „Hast du dich verletzt?", erkundigte ich mich besorgt. Ächzend und stöhnend rappelte sie sich auf und meinte ziemlich trocken, während dessen sie die Leiter emporstieg: „Nein! Es wird höchste Zeit, dass ich mit der Frühjahrsdiät beginne!" Mithilfe des Taschenlampenlichts durchstöberten wir sämtliche Schachteln und Taschen, die auf dem Speicher aufgetürmt standen. Doch keiner von uns fand das Gesuchte. „So ein Mist", schimpfte ich, als wir uns eine halbe Stunde später den Weg zur Dachbodenleiter bahnten. In diesem Augenblick stolperte meine Mutter über einen abgewetzten schwarzen Koffer, der im Schein der Taschenlampe kaum sichtbar war. Ungeduldig zerrte ich an dem halb verrosteten Schloss bis es endlich aufsprang. „Juhu! Da sind die Kleider!", schrieen wir gleichzeitig. Hastig wühlten wir in der Kiste und jeder fand schnell etwas Passendes. Vollbepackt und überglücklich stiegen wir vorsichtig unsere marode Leiter hinab. Jetzt mussten wir uns beeilen, wenn wir den Karnevalsumzug nicht versäumen wollten. Rasch halfen wir uns gegenseitig mit unserer Verkleidung. Fünfzehn Minuten später war aus meiner Mutter eine wunderschöne Fee geworden und aus mir eine richtig gruselig aussehende Hexe.

Mit einem letzten Blick in den Spiegel stellten wir stolz fest: „In diesen Kostümen wird uns niemand erkennen." Zufrieden machten wir uns auf den Weg. Doch schon im Vorgarten wurde uns bewusst, dass es draußen viel zu kalt war. Deshalb hasteten wir schnell zurück ins Haus und zogen Schal, Mantel und Handschuhe an. Gerade noch rechtzeitig kamen wir zum Straßenzug. Während ich gebannt auf die fantasievoll geschmückten Wagen sah und versuchte, Süßigkeiten zu ergattern, brach meine Mutter plötzlich in schallendes Gelächter aus. „Was ist denn los?", fragte ich verblüfft. Mutti zeigte auf mich und prustete: „Sieh uns beide doch mal an!" Verwundert sah ich zunächst an mir herunter, dann sah ich sie genauer an. Erst jetzt ging mir ein Licht auf. „Viel Lärm um Nichts. Von unseren tollen Kostümen ist überhaupt nichts mehr zu sehen", bemerkte ich belustigt. Wir sahen aufgrund unserer Wintermäntel aus wie immer. Trotzdem ließen wir uns unsere gute Laune nicht verderben.

Synonyme finden – Lösung

Die Erzählung „Viel Lärm um Nichts" ist schon besser. Trotzdem weist der Text eine Vielzahl von Wortwiederholungen auf. Um welches Wort handelt es sich? Notiere es.

Das Wort „sehen" bzw. „sah" wird häufig wiederholt.

Streiche es durch und ersetze es durch geeignete sinnverwandte Wörter!

Viel Lärm um Nichts

Es war ein eiskalter Februartag. Meine Mutter und ich saßen in der wohlig warmen Küche unseres kleinen Häuschens am Rande der Stadt. Bei einer heißen Tasse Tee schmiedeten wir gemeinsam Pläne, was wir unternehmen könnten. Nach langem Hin und Her hatte Mutti plötzlich eine grandiose Idee.

„Heute ist doch Rosenmontag. Wir verkleiden uns und sehen uns den Karnevalsumzug live an. Das wird bestimmt lustig!" „Prima", jubelte ich und sprang ganz aufgeregt im Zimmer umher. „Weißt du, wo der alte Koffer ist, in den wir unsere abgelegten Kleidungsstücke und Kostüme gepackt haben?", drängte ich. Jetzt musste Mutter kurz überlegen, doch bald fiel ihr ein: „Der ist sicherlich auf dem Dachboden. Komm, wir steigen hinauf und suchen." Sofort sprang ich die Treppe hoch, denn der Zugang zu unserem kleinen, finsteren Speicher befindet sich in der zweiten Etage. Übermütig öffnete ich die Luke und eine riesige Staubwolke fiel auf mich herab. Prustend stand ich unter der Öffnung und versuchte, die Spinnweben aus meinem Haar zu ziehen. In der Zwischenzeit kam auch schon meine Mutter die Treppe herauf. Als sie mich ~~sah~~ *erblickte*, meinte sie lachend: „Deine Haare brauchst du nun nicht mehr färben. Dieses Grau steht dir fabelhaft!" Ohne weiter auf sie zu achten, zog ich die Dachbodenleiter herunter und stieg als Erste hinauf. Oben war es finster. „Mutti", rief ich zu ihr hinunter, „wir brauchen dringend eine Taschenlampe. Bringst du bitte noch eine mit?" Während ich im Halbdunkeln bereits zu suchen begann, hörte ich auf einmal ein lautes Poltern und fast im selben Augenblick einen unterdrückten Schrei. Erschrocken ~~sah~~ *spähte* ich nach unten. Da ~~sah~~ *entdeckte* ich meine Mutter auf dem Boden sitzend, denn die unterste Sprosse der Leiter war zerbrochen. „Hast du dich verletzt?", erkundigte ich mich besorgt. Ächzend und stöhnend rappelte sie sich auf und meinte ziemlich trocken, während dessen sie die Leiter emporstieg: „Nein! Es wird höchste Zeit, dass ich mit der Frühjahrsdiät beginne!" Mithilfe des Taschenlampenlichts durchstöberten wir sämtliche Schachteln und Taschen, die auf dem Speicher aufgetürmt standen. Doch keiner von uns fand das Gesuchte. „So ein Mist", schimpfte ich, als wir uns eine halbe Stunde später den Weg zur Dachbodenleiter bahnten. In diesem Augenblick stolperte meine Mutter über einen abgewetzten schwarzen Koffer, der im Schein der Taschenlampe kaum sichtbar war. Ungeduldig zerrte ich an dem halb verrosteten Schloss bis es endlich aufsprang. „Juhu! Da sind die Kleider!", schrieen wir gleichzeitig. Hastig wühlten wir in der Kiste und jeder fand schnell etwas Passendes. Vollbepackt und überglücklich stiegen wir vorsichtig unsere marode Leiter hinab. Jetzt mussten wir uns beeilen, wenn wir den Karnevalsumzug nicht versäumen wollten. Rasch halfen wir uns gegenseitig mit unserer Verkleidung. Fünfzehn Minuten später war aus meiner Mutter eine wunderschöne Fee geworden und aus mir eine richtig gruselig aussehende Hexe.

Mit einem letzten Blick in den Spiegel stellten wir stolz fest: „In diesen Kostümen wird uns niemand erkennen." Zufrieden machten wir uns auf den Weg. Doch schon im Vorgarten wurde uns bewusst, dass es draußen viel zu kalt war. Deshalb hasteten wir schnell zurück ins Haus und zogen Schal, Mantel und Handschuhe an. Gerade noch rechtzeitig kamen wir zum Straßenzug. Während ich gebannt auf die fantasievoll geschmückten Wagen ~~sah~~ *starrte* und versuchte, Süßigkeiten zu ergattern, brach meine Mutter plötzlich in schallendes Gelächter aus. „Was ist denn los?", fragte ich verblüfft. Mutti zeigte auf mich und prustete: „Sieh uns beide doch mal an!" Verwundert ~~sah~~ *blickte* ich zunächst an mir herunter, dann ~~sah~~ *betrachtete* ich sie genauer ~~an~~. Erst jetzt ging mir ein Licht auf. „Viel Lärm um Nichts. Von unseren tollen Kostümen ist überhaupt nichts mehr zu ~~sehen~~ *erkennen*", bemerkte ich belustigt. Wir ~~sahen~~ *schauten* aufgrund unserer Wintermäntel aus wie immer. Trotzdem ließen wir uns unsere gute Laune nicht verderben.

Ideenbörse

**Du hattest gewiss schon viele tolle Erlebnisse in deinem Leben.
Sammle zuerst alle möglichen Erlebnisse.
Denke daran, es sind nicht außergewöhnliche Erlebnisse gefragt, sondern die kleinen Erlebnisse des Alltags.**

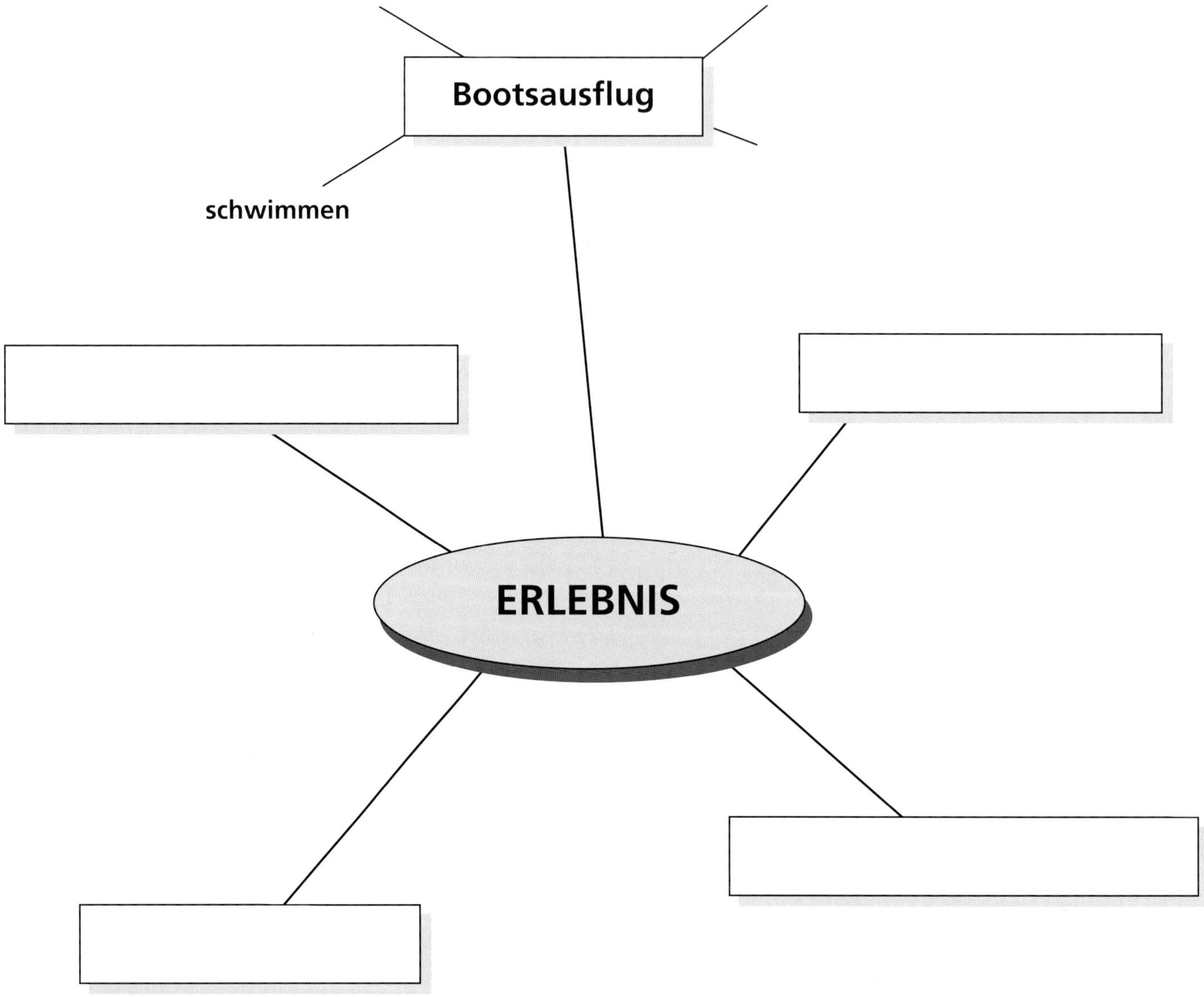

**Markiere nun dein bestes Erlebnis farbig.
Notiere dir dazu weitere Einzelheiten, die für deine Erzählung wichtig sind.
Verfasse nun deine Erlebniserzählung.**

Schreibe auch keine Fantasiegeschichte, die du für wirklich erlebt ausgibst.

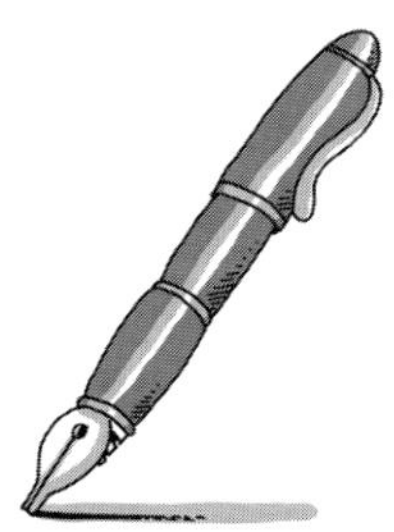

Schreibaufgabe

Schreibe nun selbst eine Erlebniserzählung, indem du den Erzählanfang fortsetzt.

An einem schönen warmen Sommertag saßen mein Bruder Timo und ich auf der Wiese hinter unserem Haus und beobachteten Käfer, die auf den Grashalmen umherkrabbelten.
Schon bald wurde uns langweilig und wir überlegten angestrengt, was wir gemeinsam unternehmen könnten. Plötzlich hatte ich einen tollen Einfall.

!

- Erzähle die Geschichte logisch weiter.
  Beachte: Es sind nicht die außergewöhnlichen Erlebnisse gefragt, sondern die kleinen Erlebnisse des Alltags.
- Schreibe nur von <u>einem einzigen</u> Erlebnis.
- Verwende die wörtliche Rede.
- Formuliere abwechslungsreiche Satzanfänge.
- Vergiss den Höhepunkt nicht.
- Erzähle in der 1. Vergangenheit.
- Gib deiner Erlebniserzählung eine originelle Überschrift, die den Leser neugierig macht.

Kontrolliere zum Schluss, ob deine Geschichte alle obigen Punkte erfüllt hat.

Schreibkonferenz

Eine Schreibkonferenz hilft euch, eure Erlebniserzählung noch besser zu gestalten. Selbst Bestsellerautoren lesen und überarbeiten ihre Werke immer wieder, bevor sie diese veröffentlichen. Dabei erhalten sie oft viele wertvolle Tipps von anderen.

Bildet für eure Schreibkonferenz eine Gruppe von höchstens drei bis vier Personen. Vielleicht können sogar eure Textprodukte von eurer Lehrkraft in der entsprechenden Anzahl kopiert werden.

Führt anschließend eine Schreibkonferenz durch:

① Ein Gruppenmitglied liest seine Erlebniserzählung laut vor. Hört dem Leser aufmerksam zu. Informiert den Autor über euren ersten Eindruck, dabei muss mindestens ein guter Punkt erwähnt werden.

② Während das Geschriebene ein zweites Mal langsam vorgelesen wird, macht euch stichpunktartig Notizen auf dem **Schreibkonferenzbogen – Erlebniserzählung.**

③ Teilt eure Aufzeichnungen höflich der Schreiberin oder dem Schreiber mit. Macht gemeinsam sinnvolle Verbesserungsvorschläge, die dem Autor wirklich helfen.

④ Nun ist der oder die Nächste an der Reihe, das Geschriebene vorzutragen. Wiederholt diesen Vorgang so lange, bis jedes Gruppenmitglied sein Werk vorgestellt und Tipps erhalten hat. Dann verbessert eure Geschichten.

Schreibkonferenzbogen – Erlebniserzählung

Name des Autors: ____________________

Überschrift des Textes: ____________________

	☺	☹	Verbesserungsvorschlag
1. Hat die Erzählung eine Überschrift, die den Leser neugierig macht?			
2. Ist das Erlebnis glaubhaft (keine Fantasieerzählung)?			
3. Wird nur ein einziges Erlebnis erzählt?			
4. Hat die Erzählung einen Höhepunkt?			
5. Sind die Satzanfänge abwechslungsreich?			
6. Wurde die wörtliche Rede verwendet?			

Datum

Unterschrift des Schreibkonferenzmitglieds

Wortfeld „sehen"

1. Vervollständige das Netz, indem du Wörter mit ähnlicher Bedeutung zum Verb „sehen" findest.

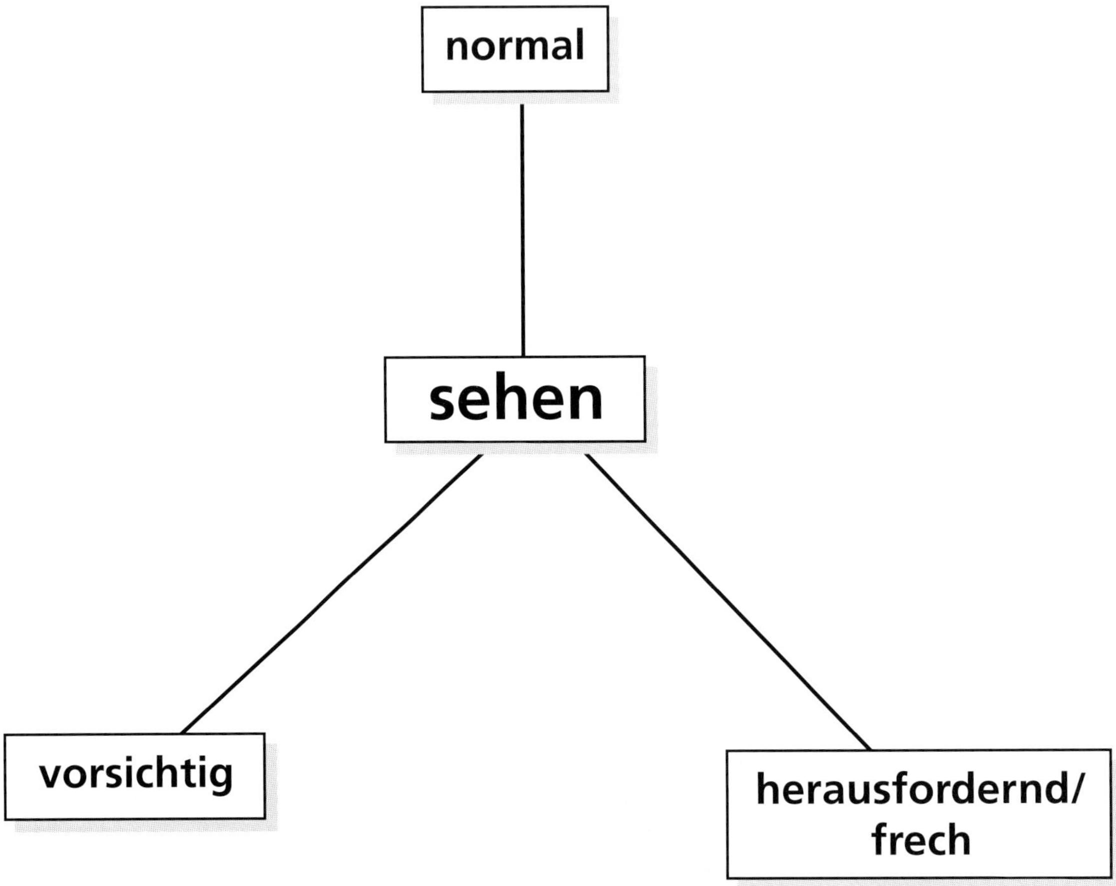

2. Notiere zu jedem Wort einen Satz.

Wortfeld „sehen" – Lösung

1. Vervollständige das Netz, indem du Wörter mit ähnlicher Bedeutung zum Verb „sehen" findest.

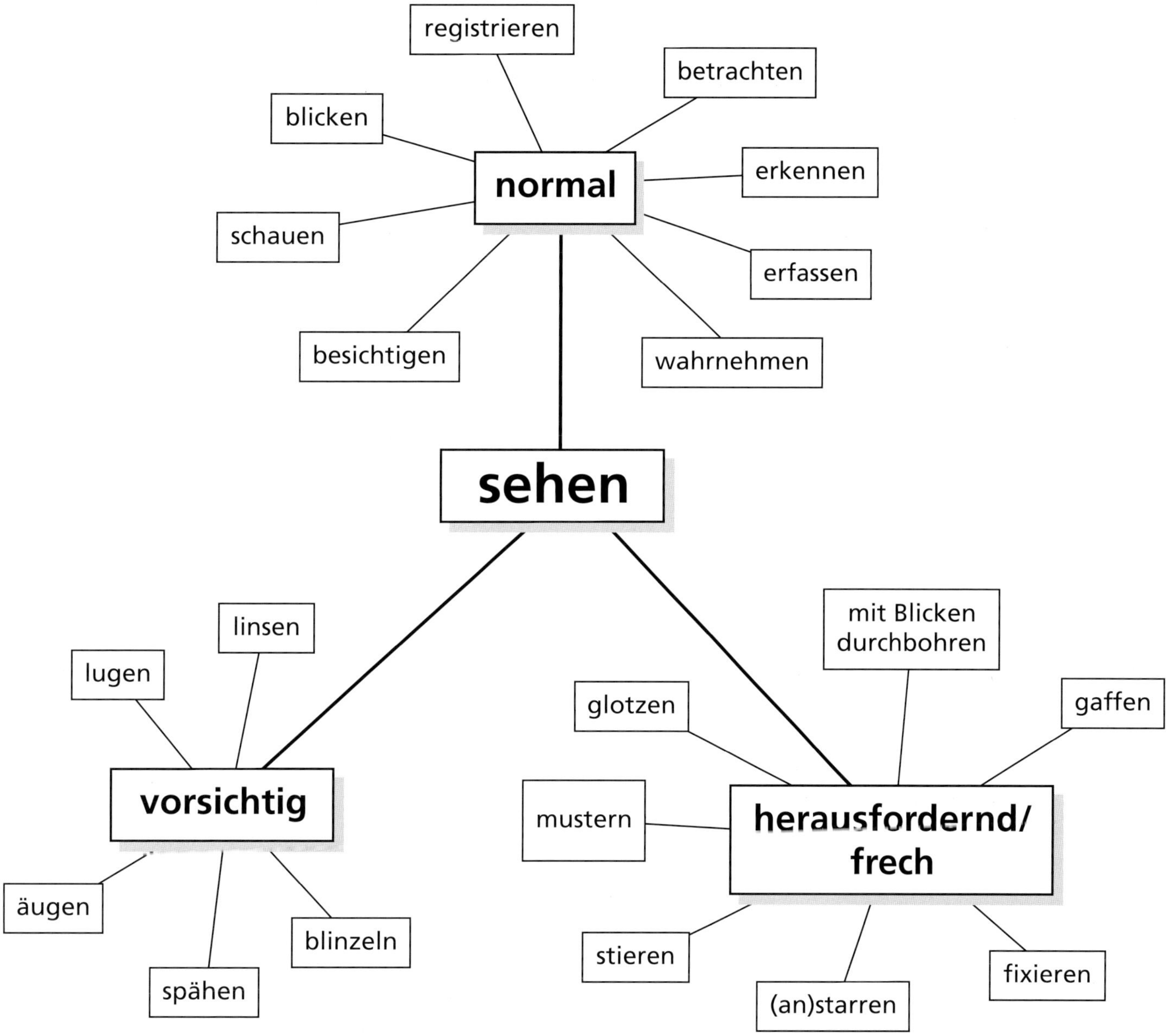

2. Notiere zu jedem Wort einen Satz.

Viel Lärm um Nichts

Hier ist einiges durcheinander geraten. Kannst du die Erlebniserzählung wieder in die richtige Reihenfolge bringen? Doch Vorsicht: Es fehlen einige Teile. Schneide die einzelnen Abschnitte aus und klebe sie korrekt auf. Ergänze selbst die Erzählung sinnvoll.

Es war ein eiskalter Februartag. Meine Mutter und ich saßen in der wohlig warmen Küche unseres kleinen Häuschens am Rande der Stadt. Bei einer heißen Tasse Tee schmiedeten wir gemeinsam Pläne, was wir unternehmen könnten. Nach langem Hin und Her hatte Mutti plötzlich eine grandiose Idee.

Dann sprang ich die Treppe hoch, denn der Zugang zu unserem kleinen, finsteren Speicher befindet sich in der zweiten Etage. Dann öffnete ich die Luke und eine riesige Staubwolke fiel auf mich herab. Prustend stand ich unter der Öffnung und versuchte, die Spinnweben aus meinem Haar zu ziehen. Dann kam auch schon meine Mutter die Treppe herauf. Als sie mich sah, meinte sie lachend: „Deine Haare brauchst du nun nicht mehr färben. Dieses Grau steht dir fabelhaft!"

Ohne weiter auf sie zu achten, zog ich die Dachbodenleiter herunter und stieg als Erste hinauf. Oben war es finster. „Mutti", rief ich zu ihr hinunter, „wir brauchen dringend eine Taschenlampe. Bringst du bitte noch eine mit?" Während ich im Halbdunkeln bereits zu suchen begann, hörte ich auf einmal ein lautes Poltern und fast im selben Augenblick einen unterdrückten Schrei. Dann sah ich nach unten. Dann sah ich meine Mutter auf dem Boden sitzend, denn die unterste Sprosse der Leiter war zerbrochen. „Hast du dich verletzt?", erkundigte ich mich besorgt. Ächzend und stöhnend rappelte sie sich auf und meinte ziemlich trocken, während dessen sie die Leiter emporstieg: „Nein! Es wird höchste Zeit, dass ich mit der Frühjahrsdiät beginne!"

„Juhu! Da sind die Kleider!", schrieen wir gleichzeitig. Dann wühlten wir in der Kiste und jeder fand schnell etwas Passendes. Vollbepackt und überglücklich stiegen wir vorsichtig unsere marode Leiter hinab. Jetzt mussten wir uns beeilen, wenn wir den Karnevalsumzug nicht versäumen wollten. Rasch halfen wir uns gegenseitig mit unserer Verkleidung. Dann war aus meiner Mutter eine wunderschöne Fee geworden und aus mir eine richtig gruselig aussehende Hexe. Mit einem letzten Blick in den Spiegel stellten wir stolz fest: „In diesen Kostümen wird uns niemand erkennen."

Dann machten wir uns auf den Weg. Doch dann im Vorgarten wurde uns bewusst, dass es draußen viel zu kalt war. Dann hasteten wir schnell zurück ins Haus und zogen Schal, Mantel und Handschuhe an. Dann kamen wir zum Straßenzug. Während ich gebannt auf die fantasievoll geschmückten Wagen sah und versuchte, Süßigkeiten zu ergattern, brach meine Mutter plötzlich in schallendes Gelächter aus.

Viel Lärm um Nichts – Lösung

Hier ist einiges durcheinander geraten. Kannst du die Erlebniserzählung wieder in die richtige Reihenfolge bringen? Doch Vorsicht: Es fehlen einige Teile. Schneide die einzelnen Abschnitte aus und klebe sie korrekt auf. Ergänze selbst die Erzählung sinnvoll.

Es war ein eiskalter Februartag. Meine Mutter und ich saßen in der wohlig warmen Küche unseres kleinen Häuschens am Rande der Stadt. Bei einer heißen Tasse Tee schmiedeten wir gemeinsam Pläne, was wir unternehmen könnten. Nach langem Hin und Her hatte Mutti plötzlich eine grandiose Idee.

„Juhu! Da sind die Kleider!", schrieen wir gleichzeitig. Dann wühlten wir in der Kiste und jeder fand schnell etwas Passendes. Vollbepackt und überglücklich stiegen wir vorsichtig unsere marode Leiter hinab. Jetzt mussten wir uns beeilen, wenn wir den Karnevalsumzug nicht versäumen wollten. Rasch halfen wir uns gegenseitig mit unserer Verkleidung. Dann war aus meiner Mutter eine wunderschöne Fee geworden und aus mir eine richtig gruselig aussehende Hexe. Mit einem letzten Blick in den Spiegel stellten wir stolz fest: „In diesen Kostümen wird uns niemand erkennen."

Vorschlag:

Mithilfe des Taschenlampenlichts durchstöberten wir sämtliche Schachteln und Taschen, die auf dem Speicher aufgetürmt standen. Doch keiner von uns fand das Gesuchte. „So ein Mist", schimpfte ich, als wir uns eine halbe Stunde später den Weg zur Dachbodenleiter bahnten. Dann stolperte meine Mutter über einen abgewetzten schwarzen Koffer, der im Schein der Taschenlampe kaum sichtbar war. Dann zerrte ich an dem halb verrosteten Schloss bis es endlich aufsprang.

Dann sprang ich die Treppe hoch, denn der Zugang zu unserem kleinen, finsteren Speicher befindet sich in der zweiten Etage. Dann öffnete ich die Luke und eine riesige Staubwolke fiel auf mich herab. Prustend stand ich unter der Öffnung und versuchte, die Spinnweben aus meinem Haar zu ziehen. Dann kam auch schon meine Mutter die Treppe herauf. Als sie mich sah, meinte sie lachend: „Deine Haare brauchst du nun nicht mehr färben. Dieses Grau steht dir fabelhaft!"

Vorschlag:

„Heute ist doch Rosenmontag. Wir verkleiden uns und sehen uns den Karnevalsumzug live an. Das wird bestimmt lustig!“ „Prima“, jubelte ich und sprang ganz aufgeregt im Zimmer umher. „Weißt du, wo der alte Koffer ist, in den wir unsere abgelegten Kleidungsstücke und Kostüme gepackt haben?“, drängte ich. Dann musste Mutter kurz überlegen, doch bald fiel ihr ein: „Der ist sicherlich auf dem Dachboden. Komm, wir steigen hinauf und suchen.“

Dann machten wir uns auf den Weg. Doch dann im Vorgarten wurde uns bewusst, dass es draußen viel zu kalt war. Dann hasteten wir schnell zurück ins Haus und zogen Schal, Mantel und Handschuhe an. Dann kamen wir zum Straßenzug. Während ich gebannt auf die fantasievoll geschmückten Wagen sah und versuchte, Süßigkeiten zu ergattern, brach meine Mutter plötzlich in schallendes Gelächter aus.

Ohne weiter auf sie zu achten, zog ich die Dachbodenleiter herunter und stieg als Erste hinauf. Oben war es finster. „Mutti“, rief ich zu ihr hinunter, „wir brauchen dringend eine Taschenlampe. Bringst du bitte noch eine mit?“ Während ich im Halbdunkeln bereits zu suchen begann, hörte ich auf einmal ein lautes Poltern und fast im selben Augenblick einen unterdrückten Schrei. Dann sah ich nach unten. Dann sah ich meine Mutter auf dem Boden sitzend, denn die unterste Sprosse der Leiter war zerbrochen. „Hast du dich verletzt?“, erkundigte ich mich besorgt. Ächzend und stöhnend rappelte sie sich auf und meinte ziemlich trocken, während dessen sie die Leiter emporstieg: „Nein! Es wird höchste Zeit, dass ich mit der Frühjahrsdiät beginne!“

Vorschlag:

„Was ist denn los?“, fragte ich verblüfft. Mutti zeigte auf mich und prustete: „Schau uns beide doch mal an!“ Verwundert sah ich zunächst an mir herunter, dann sah ich sie genauer an. Dann ging mir ein Licht auf. „Viel Lärm um Nichts. Von unseren tollen Kostümen ist überhaupt nichts mehr zu sehen“, bemerkte ich belustigt. Wir sahen aufgrund unserer Wintermäntel aus wie immer. Dann ließen wir uns unsere gute Laune nicht verderben.

Nichts als Fehler

1. Verbessere die Erlebniserzählung, indem du geeignete Satzanfänge ergänzt bzw. Wortwiederholungen durch Synonyme vermeidest.

Viel Lärm um Nichts

Es war ein eiskalter Februartag. Meine Mutter und ich saßen in der wohlig warmen Küche unseres kleinen Häuschens am Rande der Stadt. Bei einer heißen Tasse Tee schmiedeten wir gemeinsam Pläne, was wir unternehmen könnten. Nach langem Hin und Her hatte Mutti plötzlich eine grandiose Idee.

„Heute ist doch Rosenmontag. Wir verkleiden uns und sehen uns den Karnevalsumzug live an. Das wird bestimmt lustig!" „Prima", jubelte ich und sprang ganz aufgeregt im Zimmer umher. „Weißt du, wo der alte Koffer ist, in den wir unsere abgelegten Kleidungsstücke und Kostüme gepackt haben?", drängte ich. Dann musste Mutter kurz überlegen, doch bald fiel ihr ein: „Der ist sicherlich auf dem Dachboden. Komm, wir steigen hinauf und suchen."

Dann sprang ich die Treppe hoch, denn der Zugang zu unserem kleinen, finsteren Speicher befindet sich in der zweiten Etage. Dann öffnete ich die Luke und eine riesige Staubwolke fiel auf mich herab. Prustend stand ich unter der Öffnung und versuchte, die Spinnweben aus meinem Haar zu ziehen. Dann kam auch schon meine Mutter die Treppe herauf. Als sie mich sah, meinte sie lachend: „Deine Haare brauchst du nun nicht mehr färben. Dieses Grau steht dir fabelhaft!"

Ohne weiter auf sie zu achten, zog ich die Dachbodenleiter herunter und stieg als Erste hinauf. Oben war es finster. „Mutti", rief ich zu ihr hinunter, „wir brauchen dringend eine Taschenlampe. Bringst du bitte noch eine mit?" Während ich im Halbdunkeln bereits zu suchen begann, hörte ich auf einmal ein lautes Poltern und fast im selben Augenblick einen unterdrückten Schrei. Dann sah ich nach unten. Dann sah ich meine Mutter auf dem Boden sitzend, denn die unterste Sprosse der

Leiter war zerbrochen. „Hast du dich verletzt?", erkundigte ich mich besorgt. Ächzend und stöhnend rappelte sie sich auf und meinte ziemlich trocken, während dessen sie die Leiter emporstieg: „Nein! Es wird höchste Zeit, dass ich mit der Frühjahrsdiät beginne!"

Mithilfe des Taschenlampenlichts durchstöberten wir sämtliche Schachteln und Taschen, die auf dem Speicher aufgetürmt standen. Doch keiner von uns fand das Gesuchte. „So ein Mist", schimpfte ich, als wir uns eine halbe Stunde später den Weg zur Dachbodenleiter bahnten. Dann stolperte meine Mutter über einen abgewetzten schwarzen Koffer, der im Schein der Taschenlampe kaum sichtbar war. Dann zerrte ich an dem halb verrosteten Schloss bis es endlich aufsprang.

„Juhu! Da sind die Kleider!", schrieen wir gleichzeitig. Dann wühlten wir in der Kiste und jeder fand schnell etwas Passendes. Vollbepackt und überglücklich stiegen wir vorsichtig unsere marode Leiter hinab. Jetzt mussten wir uns beeilen, wenn wir den Karnevalsumzug nicht versäumen wollten. Rasch halfen wir uns gegenseitig mit unserer Verkleidung. Dann war aus meiner Mutter eine wunderschöne Fee geworden und aus mir eine richtig gruselig aussehende Hexe. Mit einem letzten Blick in den Spiegel stellten wir stolz fest: „In diesen Kostümen wird uns niemand erkennen." Dann machten wir uns auf den Weg. Dann im Vorgarten wurde uns bewusst, dass es draußen viel zu kalt war. Dann hasteten wir schnell zurück ins Haus und zogen Schal, Mantel und Handschuhe an. Dann kamen wir zum Straßenzug. Während ich gebannt auf die fantasievoll geschmückten Wagen sah und versuchte, Süßigkeiten zu ergattern, brach meine Mutter plötzlich in schallendes Gelächter aus.

„Was ist denn los?", fragte ich verblüfft. Mutti zeigte auf mich und prustete: „Sieh uns beide doch mal an!" Verwundert sah ich zunächst an mir herunter, dann sah ich sie genauer an. Dann ging mir ein Licht auf. „Viel Lärm um Nichts. Von unseren tollen Kostümen ist überhaupt nichts mehr zu sehen", bemerkte ich belustigt. Wir sahen aufgrund unserer Wintermäntel aus wie immer. Dann ließen wir uns unsere gute Laune nicht verderben.

2. Schreibe den Text verbessert fehlerfrei ab.

Nichts als Fehler – Lösung

1. Verbessere die Erlebniserzählung, indem du geeignete Satzanfänge ergänzt bzw. Wortwiederholungen durch Synonyme vermeidest.

Viel Lärm um Nichts

Es war ein eiskalter Februartag. Meine Mutter und ich saßen in der wohlig warmen Küche unseres kleinen Häuschens am Rande der Stadt. Bei einer heißen Tasse Tee schmiedeten wir gemeinsam Pläne, was wir unternehmen könnten. Nach langem Hin und Her hatte Mutti plötzlich eine grandiose Idee.

„Heute ist doch Rosenmontag. Wir verkleiden uns und sehen uns den Karnevalsumzug live an. Das wird bestimmt lustig!" „Prima", jubelte ich und sprang ganz aufgeregt im Zimmer umher. „Weißt du, wo der alte Koffer ist, in den wir unsere abgelegten Kleidungsstücke und Kostüme gepackt haben?", drängte ich. *Jetzt* musste Mutter kurz überlegen, doch bald fiel ihr ein: „Der ist sicherlich auf dem Dachboden. Komm, wir steigen hinauf und suchen."

Sofort sprang ich die Treppe hoch, denn der Zugang zu unserem kleinen, finsteren Speicher befindet sich in der zweiten Etage. *Übermütig* öffnete ich die Luke und eine riesige Staubwolke fiel auf mich herab. Prustend stand ich unter der Öffnung und versuchte, die Spinnweben aus meinem Haar zu ziehen. *In der Zwischenzeit* kam auch schon meine Mutter die Treppe herauf. Als sie mich *erblickte,* meinte sie lachend: „Deine Haare brauchst du nun nicht mehr färben. Dieses Grau steht dir fabelhaft!"

Ohne weiter auf sie zu achten, zog ich die Dachbodenleiter herunter und stieg als Erste hinauf. Oben war es finster. „Mutti", rief ich zu ihr hinunter, „wir brauchen dringend eine Taschenlampe. Bringst du bitte noch eine mit?" Während ich im Halbdunkeln bereits zu suchen begann, hörte ich auf einmal ein lautes Poltern und fast im selben Augenblick einen unterdrückten Schrei.

Erschrocken spähte ich nach unten. *Da entdeckte* ich meine Mutter auf dem Boden sitzend, denn die unterste Sprosse der Leiter war zerbrochen. „Hast du dich verletzt?", erkundigte ich mich besorgt. Ächzend und stöhnend rappelte sie sich auf und meinte ziemlich trocken, während dessen sie die Leiter emporstieg: „Nein! Es wird höchste Zeit, dass ich mit der Frühjahrsdiät beginne!" Mithilfe des Taschenlampenlichts durchstöberten wir sämtliche Schachteln und Taschen, die auf dem Speicher aufgetürmt standen. Doch keiner von uns fand das Gesuchte. „So ein Mist", schimpfte ich, als wir uns eine halbe Stunde später den Weg zur Dachbodenleiter bahnten. *In diesem Augenblick* stolperte meine Mutter über einen abgewetzten schwarzen Koffer, der im Schein der Taschenlampe kaum sichtbar war. *Ungeduldig* zerrte ich an dem halb verrosteten Schloss bis es endlich aufsprang.

„Juhu! Da sind die Kleider!", schrieen wir gleichzeitig. *Hastig* wühlten wir in der Kiste und jeder fand schnell etwas Passendes. Vollbepackt und überglücklich stiegen wir vorsichtig unsere marode Leiter hinab. Jetzt mussten wir uns beeilen, wenn wir den Karnevalsumzug nicht versäumen wollten. Rasch halfen wir uns gegenseitig mit unserer Verkleidung. *Fünfzehn Minuten später* war aus meiner Mutter eine wunderschöne Fee geworden und aus mir eine richtig gruselig aussehende Hexe. Mit einem letzten Blick in den Spiegel stellten wir stolz fest: „ In diesen Kostümen wird uns niemand erkennen." *Zufrieden* machten wir uns auf den Weg. Doch schon im Vorgarten wurde uns bewusst, dass es draußen viel zu kalt war. *Deshalb* hasteten wir schnell zurück ins Haus und zogen Schal, Mantel und Handschuhe an. *Gerade noch rechtzeitig* kamen wir zum Straßenzug. Während ich gebannt auf die fantasievoll geschmückten Wagen *starrte* und versuchte, Süßigkeiten zu ergattern, brach meine Mutter plötzlich in schallendes Gelächter aus.

„Was ist denn los?", fragte ich verblüfft. Mutti zeigte auf mich und prustete: „*Schau* uns beide doch mal an!" Verwundert *blickte* ich zunächst an mir herunter, dann betrachtete ich sie genauer. *Erst jetzt* ging mir ein Licht auf. „Viel Lärm um Nichts. Von unseren tollen Kostümen ist überhaupt nichts mehr zu *erkennen",* bemerkte ich belustigt. Wir sahen aufgrund unserer Wintermäntel aus wie immer. *Trotzdem* ließen wir uns unsere gute Laune nicht verderben.

2. Schreibe den Text verbessert fehlerfrei ab.

Ideenbörse

Du hattest gewiss schon viele tolle Erlebnisse in deinem Leben.
Sammle zuerst alle möglichen Erlebnisse.
Denke daran, es sind nicht außergewöhnliche Erlebnisse gefragt, sondern die kleinen Erlebnisse des Alltags.

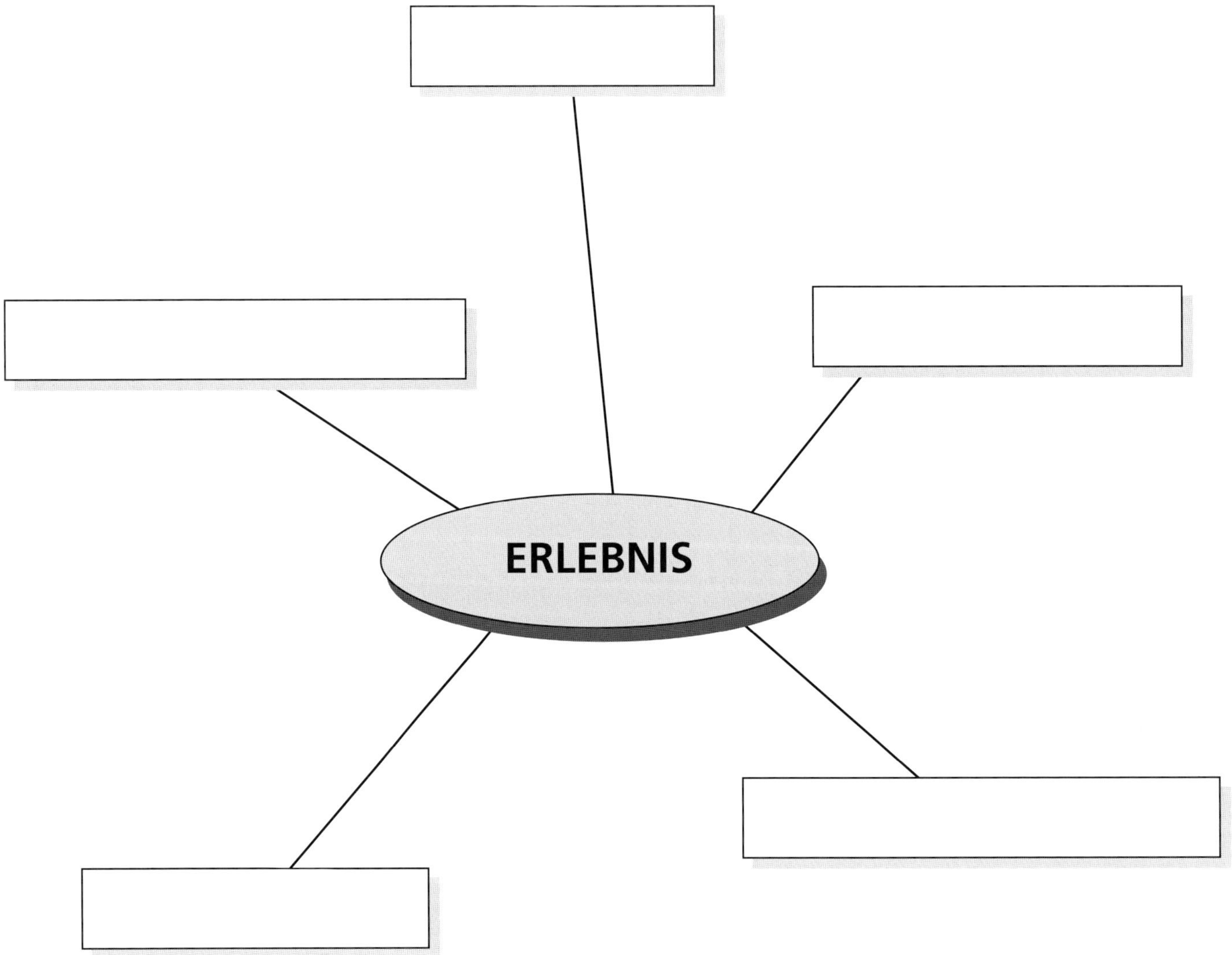

Markiere nun dein bestes Erlebnis farbig.
Notiere dir dazu weitere Einzelheiten, die für deine Erzählung wichtig sind.
Verfasse eine spannende Erlebniserzählung.

Schreibe auch keine Fantasiegeschichte, die du für wirklich erlebt ausgibst.

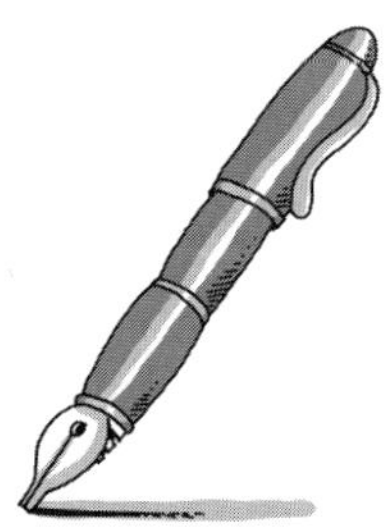

Schreibaufgabe

Schreibe nun selbst eine Erlebniserzählung, indem du den Erzählanfang fortsetzt.

An einem schönen warmen Sommertag saßen mein Bruder Timo und ich auf der Wiese hinter unserem Haus und beobachteten Käfer, die auf den Grashalmen umherkrabbelten.
Schon bald wurde uns langweilig und wir überlegten angestrengt, was wir gemeinsam unternehmen könnten. Plötzlich hatte ich einen tollen Einfall.

!

- **Erzähle die Geschichte logisch weiter.**
- **Schreibe nur von einem einzigen Erlebnis.**
- **Beschreibe alle Sinneseindrücke.**

Kontrolliere zum Schluss, ob deine Geschichte alle obigen Punkte erfüllt hat.

Schreibkonferenz

Eine Schreibkonferenz hilft euch, eure Erlebniserzählung noch besser zu gestalten. Selbst Bestsellerautoren lesen und überarbeiten ihre Werke immer wieder, bevor sie diese veröffentlichen. Dabei erhalten sie oft viele wertvolle Tipps von anderen.

Bildet für eure Schreibkonferenz eine Gruppe von höchstens drei bis vier Personen. Vielleicht können sogar eure Textprodukte von eurer Lehrkraft in der entsprechenden Anzahl kopiert werden.

Führt anschließend eine Schreibkonferenz durch:

① Ein Gruppenmitglied liest seine Erlebniserzählung laut vor. Hört dem Leser aufmerksam zu. Informiert den Autor über euren ersten Eindruck, dabei muss mindestens ein guter Punkt erwähnt werden.

② Während das Geschriebene ein zweites Mal langsam vorgelesen wird, macht euch stichpunktartig Notizen auf dem **Schreibkonferenzbogen – Erlebniserzählung.**

③ Teilt eure Aufzeichnungen höflich der Schreiberin oder dem Schreiber mit. Macht gemeinsam sinnvolle Verbesserungsvorschläge, die dem Autor wirklich helfen.

④ Nun ist der oder die Nächste an der Reihe, das Geschriebene vorzutragen. Wiederholt diesen Vorgang so lange, bis jedes Gruppenmitglied sein Werk vorgestellt und Tipps erhalten hat. Dann verbessert eure Geschichten.

Schreibkonferenzbogen – Erlebniserzählung

Name des Autors: ______________________________

Überschrift des Textes: ______________________________

	☺	☹	Verbesserungsvorschlag
1. Hat die Erzählung eine Überschrift, die den Leser neugierig macht?			
2. Ist das Erlebnis glaubhaft (keine Fantasieerzählung)?			
3. Wird nur ein einziges Erlebnis erzählt?			
4. Hat die Erzählung einen Höhepunkt?			
5. Werden alle Sinneseindrücke beschrieben (sehen, hören, fühlen, riechen ...)?			
6. Ist der Satzbau abwechslungsreich?			
7. Wurde die wörtliche Rede verwendet?			

Datum

Unterschrift des Schreibkonferenzmitglieds

Wortfeld „gehen"

Suche alle versteckten sinnverwandten Wörter zu „gehen". Du findest sie vorwärts, rückwärts und senkrecht geschrieben.
Außerdem wurden die Umlaute verwandelt (ä → ae, ö → oe, ü → ue).

bummeln, eilen, fliehen, flitzen, flüchten, hasten, hetzen, hinken, hüpfen, humpeln, huschen, joggen, krabbeln, kriechen, latschen, laufen, marschieren, rasen, rennen, sausen, schreiten, schlendern, schlurfen, spazieren, springen, staksen, stapfen, stolpern, taumeln, torkeln, trödeln, trotten, türmen, wanken, wandern, waten

J	Q	L	A	U	F	E	N	F	N	R	N	M	L	P	T	P	H	I	R	P	E
F	N	V	V	H	E	T	Z	E	N	O	E	I	L	E	N	J	K	N	S	Q	X
S	F	L	I	T	Z	E	N	O	I	N	H	W	W	A	T	E	N	V	M	C	N
F	L	U	E	C	H	T	E	N	N	E	C	W	J	O	G	G	E	N	V	K	R
E	F	L	I	E	H	E	N	R	D	K	E	N	D	V	M	W	P	T	D	D	E
R	K	Q	Q	J	P	B	T	O	X	D	I	G	Y	Y	D	C	Q	F	S	X	P
S	W	A	N	K	E	N	S	I	G	W	R	Z	T	R	O	E	D	E	L	N	L
M	A	R	S	C	H	I	E	R	E	N	K	S	S	Z	F	Q	G	J	R	W	O
V	Z	T	U	E	R	M	E	N	S	G	P	K	R	A	B	B	E	L	N	G	T
C	H	O	H	N	U	S	C	H	L	E	N	D	E	R	N	J	J	Z	U	F	S
H	L	Q	C	E	B	R	E	N	N	E	N	W	T	Y	U	V	H	L	T	E	C
N	F	N	Q	R	V	P	R	A	S	E	N	U	B	H	U	M	P	E	L	N	N
E	Y	R	N	E	Z	O	Q	I	X	V	J	K	T	A	U	M	E	L	N	U	Z
S	M	E	E	I	F	L	H	U	S	C	H	E	N	C	G	N	Z	Y	S	W	N
K	O	D	K	Z	J	J	H	U	E	P	F	E	N	G	I	S	F	Y	H	N	E
A	W	N	N	A	M	Y	E	J	L	F	X	O	S	A	U	S	E	N	I	E	T
T	C	A	I	P	K	P	S	T	A	P	F	E	N	F	I	D	Q	N	P	G	T
S	A	W	H	S	G	A	U	W	A	S	W	N	L	A	T	S	C	H	E	N	O
X	R	D	L	W	O	S	C	H	R	E	I	T	E	N	M	W	H	U	C	I	R
O	U	X	S	C	H	L	U	R	F	E	N	N	V	J	N	R	S	D	R	R	T
E	T	P	G	M	T	O	R	K	E	L	N	P	H	A	S	T	E	N	E	P	G
P	V	J	G	A	B	U	M	M	E	L	N	E	R	H	Y	M	F	X	I	S	T

Brigitte Penzenstadler: Schreibtraining in drei Kompetenzstufen – Band 2

Wortfeld „gehen" – Lösung

Suche alle versteckten sinnverwandten Wörter zu „gehen". Du findest sie vorwärts, rückwärts und senkrecht geschrieben.
Außerdem wurden die Umlaute verwandelt (ä → ae, ö → oe, ü → ue).

bummeln, eilen, fliehen, flitzen, flüchten, hasten, hetzen, hinken, hüpfen, humpeln, huschen, joggen, krabbeln, kriechen, latschen, laufen, marschieren, rasen, rennen, sausen, schreiten, schlendern, schlurfen, spazieren, springen, staksen, stapfen, stolpern, taumeln, torkeln, trödeln, trotten, türmen, wanken, wandern, waten

J	Q	L	A	U	F	E	N	F	N	R	N	M	L	P	T	P	H	I	R	P	E
F	N	V	V	H	E	T	Z	E	N	O	E	I	L	E	N	J	K	N	S	Q	X
S	F	L	I	T	Z	E	N	O	I	N	H	W	W	A	T	E	N	V	M	C	N
F	L	U	E	C	H	T	E	N	N	E	C	W	J	O	G	G	E	N	V	K	R
E	F	L	I	E	H	E	N	R	D	K	E	N	D	V	M	W	P	T	D	D	E
R	K	Q	Q	J	P	B	T	O	X	D	I	G	Y	Y	D	C	Q	F	S	X	P
S	W	A	N	K	E	N	S	I	G	W	R	Z	T	R	O	E	D	E	L	N	L
M	A	R	S	C	H	I	E	R	E	N	K	S	S	Z	F	Q	G	J	R	W	O
V	Z	T	U	E	R	M	E	N	S	G	P	K	R	A	B	B	E	L	N	G	T
C	H	O	H	N	U	S	C	H	L	E	N	D	E	R	N	J	J	Z	U	F	S
H	L	Q	C	E	B	R	E	N	N	E	N	W	T	Y	U	V	H	L	T	E	C
N	F	N	Q	R	V	P	R	A	S	E	N	U	B	H	U	M	P	E	L	N	N
E	Y	R	N	E	Z	O	Q	I	X	V	J	K	T	A	U	M	E	L	N	U	Z
S	M	E	E	I	F	L	H	U	S	C	H	E	N	C	G	N	Z	Y	S	W	N
K	O	D	K	Z	J	J	H	U	E	P	F	E	N	G	I	S	F	Y	H	N	E
A	W	N	N	A	M	Y	E	J	L	F	X	O	S	A	U	S	E	N	I	E	T
T	C	A	I	P	K	P	S	T	A	P	F	E	N	F	I	D	Q	N	P	G	T
S	A	W	H	S	G	A	U	W	A	S	W	N	L	A	T	S	C	H	E	N	O
X	R	D	L	W	O	S	C	H	R	E	I	T	E	N	M	W	H	U	C	I	R
O	U	X	S	C	H	L	U	R	F	E	N	N	V	J	N	R	S	D	R	R	T
E	T	P	G	M	T	O	R	K	E	L	N	P	H	A	S	T	E	N	E	P	G
P	V	J	G	A	B	U	M	M	E	L	N	E	R	H	Y	M	F	X	I	S	T

Zeitformen erkennen

Setze die Verben (Zeitwörter) in die Grundform (Infinitiv), Gegenwart (Präsens) oder 1. Vergangenheit (Präteritum/Imperfekt).

rief – singen – nimmt – schauen – machte – sucht – trug – sehen – fällt – brechen – schrieb – stürzte – ist – kam – war – geht – haben – fragen – stand

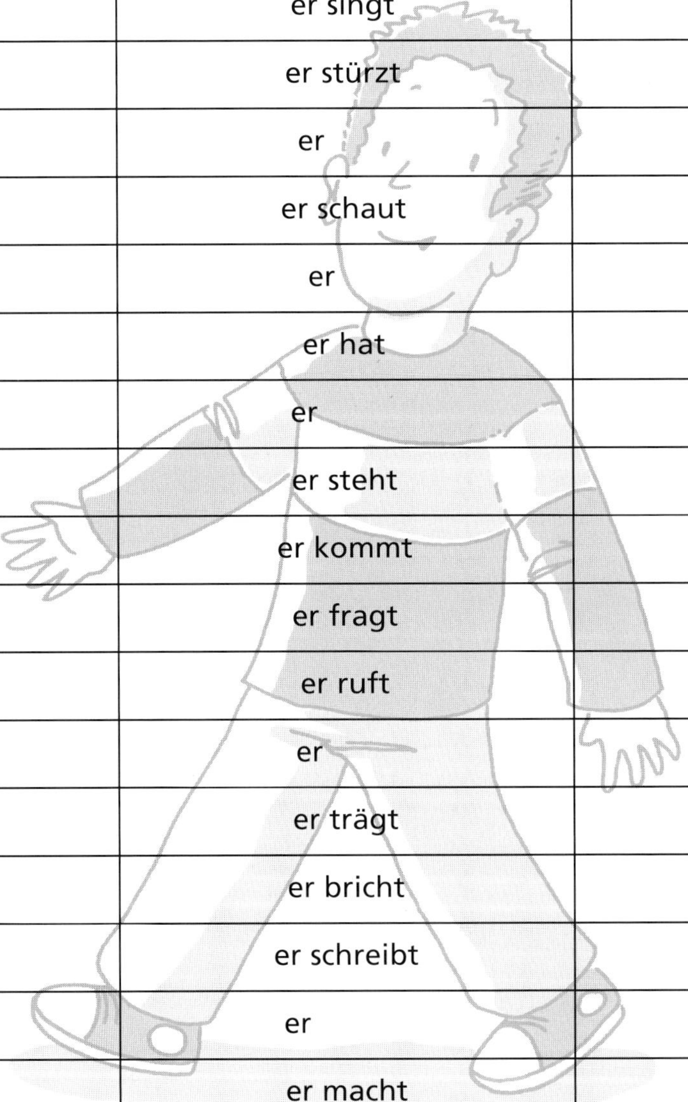

Grundform (Infinitiv)	Gegenwart (Präsens)	1. Vergangenheit (Präteritum/Imperfekt)
laufen	er läuft	er lief
	er singt	er sang
stürzen	er stürzt	er
fallen	er	er fiel
	er schaut	er schaute
sein	er	er
	er hat	er hatte
suchen	er	er suchte
stehen	er steht	er
kommen	er kommt	er
	er fragt	er fragte
rufen	er ruft	er
gehen	er	er ging
tragen	er trägt	er
	er bricht	er brach
schreiben	er schreibt	er
nehmen	er	er nahm
machen	er macht	er
	er sieht	er sah

Zeitformen erkennen – Lösung

Setze die Verben (Zeitwörter) in die Grundform (Infinitiv), Gegenwart (Präsens) oder 1. Vergangenheit (Präteritum/Imperfekt).

rief – singen – nimmt – schauen – machte – sucht – trug – sehen – fällt – brechen – schrieb – stürzte – ist – kam – war – geht – haben – fragen – stand

Grundform (Infinitiv)	Gegenwart (Präsens)	1. Vergangenheit (Präteritum/Imperfekt)
laufen	er läuft	er lief
singen	er singt	er sang
stürzen	er stürzt	er *stürzte*
fallen	er *fällt*	er fiel
schauen	er schaut	er schaute
sein	er *ist*	er *war*
haben	er hat	er hatte
suchen	er *sucht*	er suchte
stehen	er steht	er *stand*
kommen	er kommt	er *kam*
fragen	er fragt	er fragte
rufen	er ruft	er *rief*
gehen	er *geht*	er ging
tragen	er trägt	er *trug*
brechen	er bricht	er brach
schreiben	er schreibt	er *schrieb*
nehmen	er *nimmt*	er nahm
machen	er macht	er *machte*
sehen	er sieht	er sah

Angstgefühle

Wie macht sich Angst bemerkbar? Schneide aus und ordne auf der nächsten Seite zu.

- wie gelähmt sein
- fahl
- Hals über Kopf davonstürzen
- Zähneklappern
- schaudern
- kalt
- sich verstecken
- zittern wie Espenlaub
- Atem stocken
- schlottern
- Gänsehaut
- eiskalt den Rücken hinunterlaufen
- zittrig
- aufschreien
- wie festgenagelt sein
- aschfahles Gesicht
- blass
- stottern
- frieren
- Panik
- Haare stehen zu Berge
- Schreck
- keinen Laut hervorbringen
- Angstschweiß
- Herz bis zum Hals klopfen
- bleich
- kreidebleich sein
- weiß wie die Wand sein
- erschaudern
- Schock
- rasender Puls
- Kehle zuschnüren
- stummer Schrei
- weiß
- Herzklopfen
- schwitzen
- zittern

Brigitte Penzenstadler: Schreibtraining in drei Kompetenzstufen – Band 2

Angstgefühle

Wie macht sich Angst bemerkbar? Ordne die ausgeschnittenen Streifen richtig zu.

Angstgefühle – Lösung

Wie macht sich Angst bemerkbar? Ordne die ausgeschnittenen Streifen richtig zu.

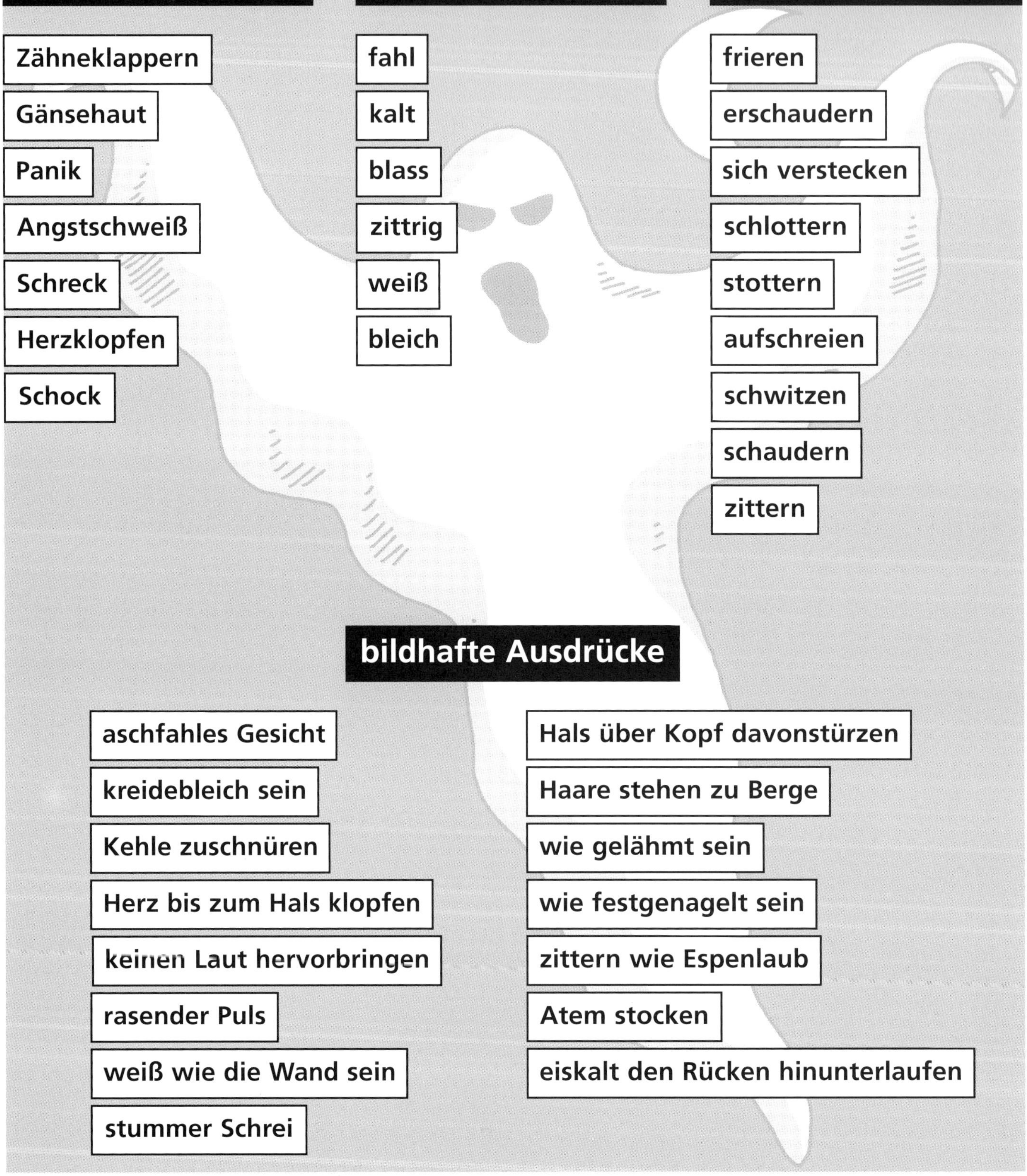

Nomen	Adjektive	Verben
Zähneklappern	fahl	frieren
Gänsehaut	kalt	erschaudern
Panik	blass	sich verstecken
Angstschweiß	zittrig	schlottern
Schreck	weiß	stottern
Herzklopfen	bleich	aufschreien
Schock		schwitzen
		schaudern
		zittern

bildhafte Ausdrücke

- aschfahles Gesicht
- kreidebleich sein
- Kehle zuschnüren
- Herz bis zum Hals klopfen
- keinen Laut hervorbringen
- rasender Puls
- weiß wie die Wand sein
- stummer Schrei
- Hals über Kopf davonstürzen
- Haare stehen zu Berge
- wie gelähmt sein
- wie festgenagelt sein
- zittern wie Espenlaub
- Atem stocken
- eiskalt den Rücken hinunterlaufen

Allein zu Hause

1. Verbessere die folgende Geschichte, indem du deine Angst genau beschreibst. Setze die treffenden Ausdrücke ein. Denke daran, die Angst zu steigern.

Es herrschte Grabesstille. Mein Herz raste.

Mir wurde unheimlich.

Meine Nackenhaare sträubten sich. Das Herz blieb mir fast stehen. Ich war wie gelähmt. Vor lauter Angst kniff ich die Augen fest zu.

Mir wurde heiß und kalt. Ich bekam Gänsehaut und die Kehle war mir wie zugeschnürt.

Mir war etwas mulmig zumute.

Ich bekam feuchte Hände und mein Herz fing schneller an zu klopfen.

Ich zitterte wie Espenlaub und war schweißgebadet. Ein eiskalter Schauer lief mir den Rücken hinunter.

Am Freitagabend gingen meine Eltern ins Kino. Da meine Schwester bei ihrer Freundin übernachtete, war ich zum ersten Mal allein zu Haus. ~~Ich hatte etwas Angst.~~

____

____

Gegen 21.00 Uhr ging ich zu Bett. Aber ich konnte nicht einschlafen. Der Vollmond schien in mein Zimmer und tauchte es in ein gespenstiges Licht. ~~Ich hatte Angst.~~

____

Doch plötzlich. Was war das? War da nicht ein Geräusch? Ich starrte zum Fenster. Da hörte ich es wieder. Bewegte sich nicht auch der Vorhang ein wenig? ~~Ich bekam mehr Angst.~~

____

____

Ganz deutlich war nun ein dunkler Schatten zu sehen. Vor lauter Entsetzen konnte ich keinen klaren Gedanken fassen. ~~Ich hatte große Angst.~~

____

____

Vorsichtig bewegte sich die Gestalt. Kein Laut war zu hören. ~~Meine Angst vergrößerte sich.~~

Der Schatten kam immer näher. ~~Ich hatte furchtbare Angst.~~

Schon fiel der Schatten auf meine Bettdecke. ~~Meine Angst war riesig.~~

„Hilfe, Hilfe!“, versuchte ich zu schreien. Doch in Wirklichkeit kam kein Ton über meine Lippen. Gleich darauf spürte ich, wie mich jemand an der Schulter packte. Erschrocken riss ich die Augen auf. Vor meinem Bett stand meine Mutter. Ich war sehr erleichtert, als ich sie erkannte.

2. Die Fantasieerzählung enthält nur wenige Gedanken, Einfälle, Gefühle und Eindrücke, die nicht laut ausgesprochen werden.
Markiere die Stellen im Text, wo du dir weitere stumme Gedanken vorstellen kannst.

3. Welche stumme Gedanken passen deiner Meinung nach am besten wohin?
Füge die Nummer an der entsprechenden Stelle im Text ein.

Brigitte Penzenstadler: Schreibtraining in drei Kompetenzstufen – Band 2

Allein zu Hause – Lösung

1. Verbessere die folgende Geschichte, indem du deine Angst genau beschreibst. Setze die treffenden Ausdrücke ein. Denke daran, die Angst zu steigern.

Es herrschte Grabesstille. Mein Herz raste.

Mir wurde unheimlich.

Meine Nackenhaare sträubten sich. Das Herz blieb mir fast stehen. Ich war wie gelähmt. Vor lauter Angst kniff ich die Augen fest zu.

Mir wurde heiß und kalt. Ich bekam Gänsehaut und die Kehle war mir wie zugeschnürt.

Mir war etwas mulmig zumute.

Ich bekam feuchte Hände und mein Herz fing schneller an zu klopfen.

Ich zitterte wie Espenlaub und war schweißgebadet. Ein eiskalter Schauer lief mir den Rücken hinunter.

Am Freitagabend gingen meine Eltern ins Kino. Da meine Schwester bei ihrer Freundin übernachtete, war ich zum ersten Mal allein zu Haus. ~~Ich hatte etwas Angst.~~

Mir war etwas mulmig zumute.

Gegen 21.00 Uhr ging ich zu Bett. Aber ich konnte nicht einschlafen. Der Vollmond schien in mein Zimmer und tauchte es in ein gespenstiges Licht. ~~Ich hatte Angst.~~

Mir wurde unheimlich.

Doch plötzlich. Was war das? War da nicht ein Geräusch? Ich starrte zum Fenster. ③ Da hörte ich es wieder. Bewegte sich nicht auch der Vorhang ein wenig? ④ ~~Ich bekam mehr Angst.~~

Ich bekam feuchte Hände und mein Herz fing schneller an zu klopfen.

Ganz deutlich war nun ein dunkler Schatten zu sehen. ② Vor lauter Entsetzen konnte ich keinen klaren Gedanken fassen. ~~Ich hatte große Angst.~~

Mir wurde heiß und kalt. Ich bekam Gänsehaut und die Kehle war mir wie zugeschnürt.

Vorsichtig bewegte sich die Gestalt. Kein Laut war zu hören. ~~Meine Angst vergrößerte sich.~~

Es herrschte Grabesstille. Mein Herz raste.

Der Schatten kam immer näher. ~~Ich hatte furchtbare Angst.~~

Ich zitterte wie Espenlaub und war schweißgebadet. Ein eiskalter Schauer lief mir den Rücken hinunter.

Schon fiel der Schatten auf meine Bettdecke. ~~Meine Angst war riesig.~~

Meine Nackenhaare sträubten sich. Das Herz blieb mir fast stehen. Ich war wie gelähmt. Vor lauter Angst kniff ich die Augen fest zu.

„Hilfe, Hilfe!", versuchte ich zu schreien. Doch in Wirklichkeit kam kein Ton über meine Lippen.

① Gleich darauf spürte ich, wie mich jemand an der Schulter packte. Erschrocken riss ich die Augen auf. Vor meinem Bett stand meine Mutter. Ich war sehr erleichtert, als ich sie erkannte.

**2. Die Fantasieerzählung enthält nur wenige Gedanken, Einfälle, Gefühle und Eindrücke, die nicht laut ausgesprochen werden.
Markiere die Stellen im Text, wo du dir weitere stumme Gedanken vorstellen kannst.**

**3. Welche stumme Gedanken passen deiner Meinung nach am besten wohin?
Füge die Nummer an der entsprechenden Stelle im Text ein.**

Reinschrift

Schreibe die verbesserte Fantasiererzählung „Allein zu Hause" ab.
Achte dabei auf die Rechtschreibung.

Reinschrift – Lösung

**Schreibe die verbesserte Fantasiererzählung „Allein zu Hause“ ab.
Achte dabei auf die Rechtschreibung.**

Allein zu Hause

Am Freitagabend gingen meine Eltern ins Kino. Da meine Schwester bei ihrer Freundin übernachtete, war ich zum ersten Mal allein zu Hause.

Mir war etwas mulmig zumute. Gegen 21.00 Uhr ging ich zu Bett. Aber ich konnte nicht einschlafen. Der Vollmond schien in mein Zimmer und tauchte es in ein gespenstiges Licht. Mir wurde unheimlich.
Doch plötzlich. Was war das? War da nicht ein Geräusch? Ich starrte zum Fenster. „Das war gewiss die Katze von nebenan“, redete ich mir beruhigend zu. „Sie ist sicherlich wieder über den Zaun gesprungen.“ Da hörte ich es wieder. Bewegte sich nicht auch der Vorhang ein wenig? „Wie kann sich der Vorhang bewegen, wenn die Katze draußen ist?“, fiel mir entsetzt ein. Ich bekam feuchte Hände und mein Herz fing schneller an zu klopfen.
Ganz deutlich war nun ein dunkler Schatten zu sehen. Fieberhaft dachte ich nach: „Was soll ich bloß machen?“ Vor lauter Entsetzen konnte ich keinen klaren Gedanken fassen. Mir wurde heiß und kalt. Ich bekam Gänsehaut und die Kehle war mir wie zugeschnürt. Vorsichtig bewegte sich die Gestalt. Kein Laut war zu hören. Es herrschte Grabesstille. Mein Herz raste. Der riesige Schatten kam immer näher. Verzweifelt dachte ich: „Das ist ein Einbrecher. Er weiß bestimmt, dass ich allein zu Hause bin.“ Ich zitterte wie Espenlaub und war schweißgebadet. Ein eiskalter Schauer lief mir den Rücken hinunter. Schon fiel der Schatten auf meine Bettdecke. Meine Nackenhaare sträubten sich. Das Herz blieb mir fast stehen. Ich war wie gelähmt. Vor lauter Angst kniff ich die Augen fest zu. „Hilfe, Hilfe!“, versuchte ich zu schreien. Doch in Wirklichkeit kam kein Ton über meine Lippen.

Gleich darauf spürte ich, wie mich jemand an der Schulter packte. Erschrocken riss ich die Augen auf. Vor meinem Bett stand meine Mutter. Ich war sehr erleichtert, als ich sie erkannte.

Schreibaufgabe

Schreibe nun selbst eine Fantasieerzählung zum Thema

„Nachts allein im Dunkeln unterwegs".

Wenn du dir unsicher bist, schlage in deinem Aufsatzheft nach!

!

- **Erzähle in der 1. Vergangenheit!**
- **Schreibe eine kurze Einleitung, in der du die Namen der beteiligten Personen, den Ort und die Zeit mitteilst!**
- **Beschreibe im Hauptteil deine Angstgefühle genau. Steigere dabei die Spannung.**
- **Erzähle nur ein Angsterlebnis.**

Kontrolliere zum Schluss, ob deine Geschichte alle obigen Punkte erfüllt hat.

Schreibkonferenz

Eine Schreibkonferenz hilft euch, eure Fantasieerzählung noch besser zu gestalten. Selbst Bestsellerautoren lesen und überarbeiten ihre Werke immer wieder, bevor sie diese veröffentlichen.
Dabei erhalten sie oft viele wertvolle Tipps von anderen.

Bildet für eure Schreibkonferenz eine Gruppe von höchstens drei bis vier Personen. Vielleicht können sogar eure Textprodukte von eurer Lehrkraft in der entsprechenden Anzahl kopiert werden.

Führt anschließend eine Schreibkonferenz durch:

① Ein Gruppenmitglied liest seine Fantasieerzählung laut vor.
Hört dem Leser aufmerksam zu.
Informiert den Autor über euren ersten Eindruck, dabei muss mindestens ein guter Punkt erwähnt werden.

② Während das Geschriebene ein zweites Mal langsam vorgelesen wird, macht euch stichpunktartig Notizen auf dem **Schreibkonferenzbogen – Fantasieerzählung.**

③ Teilt eure Aufzeichnungen höflich der Schreiberin oder dem Schreiber mit. Macht gemeinsam sinnvolle Verbesserungsvorschläge, die dem Autor wirklich helfen.

④ Nun ist der oder die Nächste an der Reihe, das Geschriebene vorzutragen. Wiederholt diesen Vorgang so lange, bis jedes Gruppenmitglied sein Werk vorgestellt und Tipps erhalten hat. Dann verbessert eure Geschichten.

Schreibkonferenzbogen – Fantasieerzählung

Name des Autors: ______________________

Überschrift des Textes: ______________________

	☺	☹	Verbesserungsvorschlag
1. Erwähnt die Einleitung kurz, wer beteiligt ist, wo und wann etwas geschieht?			
2. Sind die Angstgefühle genau beschrieben? Steigert sich die Angst?			
3. Wurde in der 1. Vergangenheit erzählt?			

Datum

Unterschrift des Schreibkonferenzmitglieds

Wortfeld „gehen"

1. Findest du alle 36 versteckten sinnverwandten Wörter zu „gehen"? Markiere sie.

Tipp: Diese Wörter helfen dir. Leider hatte die Druckmaschine nicht mehr genügend Farbe, somit sind nicht alle Buchstaben eindeutig erkennbar. Kannst du sie trotzdem lesen?

laufen, waten, torkeln, hasten, trödeln, eilen, springen, hetzen, hinken, rennen, stapfen, wandern, fliehen, flüchten, hüpfen, krabbeln, marschieren, kriechen, joggen, spazieren, trotten, stolpern, staksen, sausen, huschen, latschen, türmen, rasen, wanken, taumeln, humpeln, schlurfen, bummeln, flitzen, schlendern, schreiten

O	Z	Y	S	C	H	L	U	R	F	E	N	P	N	Q	Q	L	S	B	C
P	W	H	K	H	E	T	Z	E	N	G	X	F	L	Ü	C	H	T	E	N
F	W	I	U	I	U	Y	Q	E	I	L	E	N	W	O	A	Q	A	N	I
S	Y	N	M	A	R	S	C	H	I	E	R	E	N	R	J	J	P	P	H
T	B	K	B	T	R	O	T	T	E	N	B	I	G	E	L	Y	F	K	U
A	R	E	O	S	P	R	I	N	G	E	N	H	V	N	A	B	E	V	Z
K	G	N	A	P	R	A	S	E	N	N	P	Z	F	N	U	T	N	E	L
S	S	S	F	L	I	T	Z	E	N	Q	T	E	J	E	F	K	X	S	S
E	T	J	N	S	R	F	T	R	Ö	D	E	L	N	N	E	R	X	W	P
N	O	O	L	T	A	U	M	E	L	N	F	C	E	R	N	A	W	A	A
O	L	G	U	V	B	T	O	R	K	E	L	N	C	B	L	B	B	N	Z
H	P	G	D	J	O	V	H	A	S	T	E	N	V	N	M	B	U	K	I
Ü	E	E	T	U	E	G	K	R	I	E	C	H	E	N	O	E	M	E	E
P	R	N	J	M	B	S	C	H	R	E	I	T	E	N	Y	L	M	N	R
F	N	C	M	M	L	A	T	S	C	H	E	N	U	I	H	N	E	B	E
E	F	S	C	H	L	E	N	D	E	R	N	S	A	K	R	O	L	E	N
N	T	X	V	X	F	L	I	E	H	E	N	R	M	J	G	B	N	V	N
V	L	Y	L	T	Ü	R	M	E	N	M	Z	L	W	A	T	E	N	D	S
V	I	O	V	X	U	H	U	S	C	H	E	N	E	S	A	U	S	E	N
M	H	U	M	P	E	L	N	L	I	U	W	A	N	D	E	R	N	V	T

2. Schreibe alle 36 sinnverwandten Wörter auf.

Wortfeld „gehen" – Lösung

1. Findest du alle 36 versteckten sinnverwandten Wörter zu „gehen"? Markiere sie.

Tipp: Diese Wörter helfen dir. Leider hatte die Druckmaschine nicht mehr genügend Farbe, somit sind nicht alle Buchstaben eindeutig erkennbar. Kannst du sie trotzdem lesen?

laufen, waten, torkeln, hasten, trödeln, eilen, springen, hetzen, hinken, rennen, stapfen, wandern, fliehen, flüchten, hüpfen, krabbeln, marschieren, kriechen, joggen, spazieren, trotten, stolpern, staksen, sausen, huschen, latschen, türmen, rasen, wanken, taumeln, humpeln, schlurfen, bummeln, flitzen, schlendern, schreiten

O	Z	Y	S	C	H	L	U	R	F	E	N	P	N	Q	Q	L	S	B	C
P	W	H	K	H	E	T	Z	E	N	G	X	F	L	Ü	C	H	T	E	N
F	W	I	U	I	U	Y	Q	E	I	L	E	N	W	O	A	Q	A	N	I
S	Y	N	M	A	R	S	C	H	I	E	R	E	N	R	J	J	P	P	H
T	B	K	B	T	R	O	T	T	E	N	B	I	G	E	L	Y	F	K	U
A	R	E	O	S	P	R	I	N	G	E	N	H	V	N	A	B	E	V	Z
K	G	N	A	P	R	A	S	E	N	N	P	Z	F	N	U	T	N	E	L
S	S	S	F	L	I	T	Z	E	N	Q	T	E	J	E	F	K	X	S	S
E	T	J	N	S	R	F	T	R	Ö	D	E	L	N	N	E	R	X	W	P
N	O	O	L	T	A	U	M	E	L	N	F	C	E	R	N	A	W	A	A
O	L	G	U	V	B	T	O	R	K	E	L	N	C	B	L	B	B	N	Z
H	P	G	D	J	O	V	H	A	S	T	E	N	V	N	M	B	U	K	I
Ü	E	E	T	U	E	G	K	R	I	E	C	H	E	N	O	E	M	E	E
P	R	N	J	M	B	S	C	H	R	E	I	T	E	N	Y	L	M	N	R
F	N	C	M	M	L	A	T	S	C	H	E	N	U	I	H	N	E	B	E
E	F	S	C	H	L	E	N	D	E	R	N	S	A	K	R	O	L	E	N
N	T	X	V	X	F	L	I	E	H	E	N	R	M	J	G	B	N	V	N
V	L	Y	L	T	Ü	R	M	E	N	M	Z	L	W	A	T	E	N	D	S
V	I	O	V	X	U	H	U	S	C	H	E	N	E	S	A	U	S	E	N
M	H	U	M	P	E	L	N	L	I	U	W	A	N	D	E	R	N	V	T

2. Schreibe alle 36 sinnverwandten Wörter auf.

laufen, waten, torkeln, hasten, trödeln, eilen, springen, hetzen, hinken, rennen, stapfen,
wandern, fliehen, flüchten, hüpfen, krabbeln, marschieren, kriechen, joggen, spazieren,
trotten, stolpern, staksen, sausen, huschen, latschen, türmen, rasen, wanken, taumeln,
humpeln, schlurfen, bummeln, flitzen, schlendern, schreiten

Zeitformen erkennen

Setze die Verben (Zeitwörter) in die Grundform (Infinitiv), Gegenwart (Präsens) oder 1. Vergangenheit (Präteritum/Imperfekt).

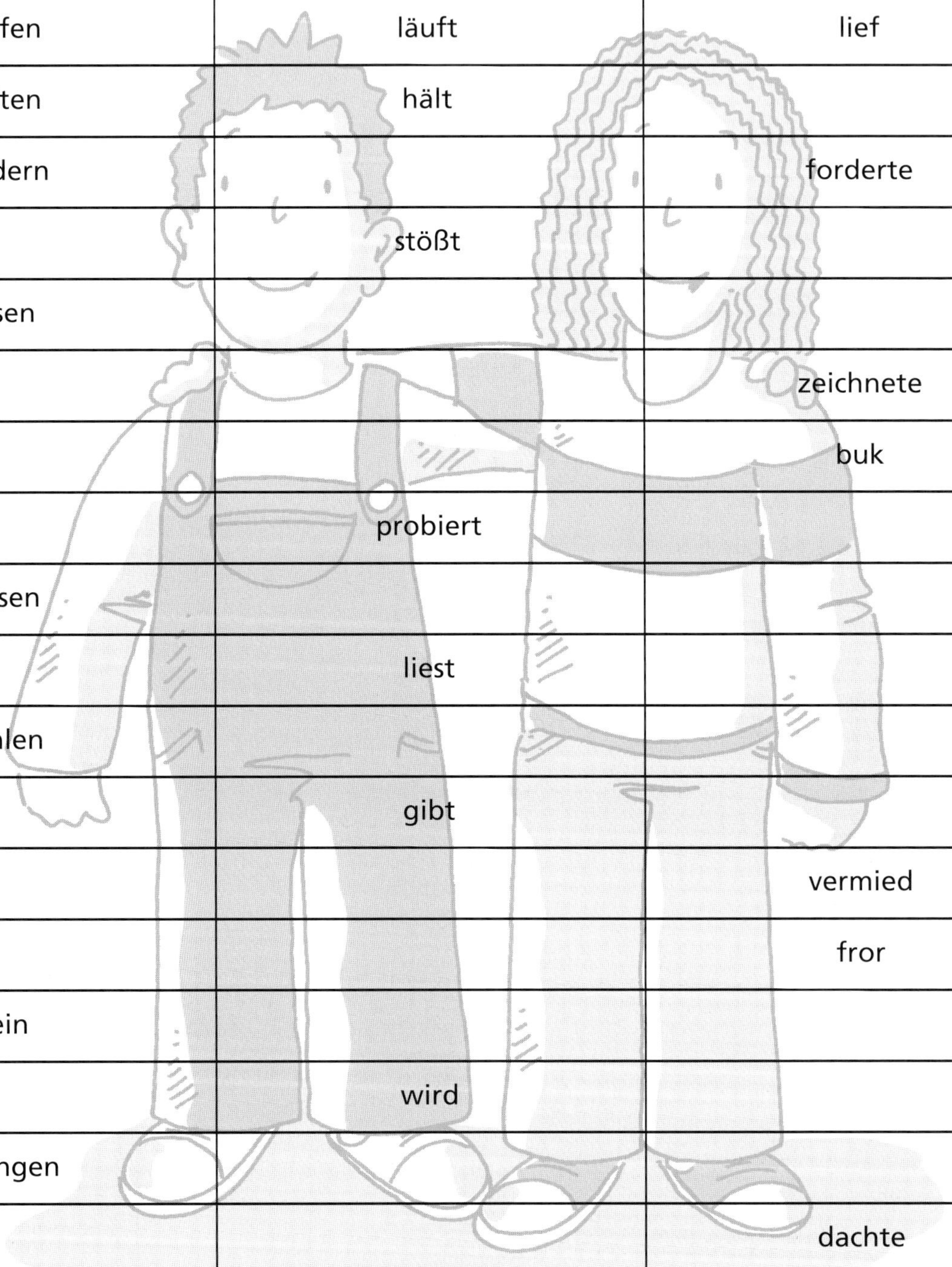

Grundform (Infinitiv)	Gegenwart (Präsens)	1. Vergangenheit (Präteritum/Imperfekt)
laufen	läuft	lief
halten	hält	
fordern		forderte
	stößt	
essen		
		zeichnete
		buk
	probiert	
lassen		
	liest	
fehlen		
	gibt	
		vermied
		fror
sein		
	wird	
springen		
		dachte
	scheint	

Zeitformen erkennen – Lösung

Setze die Verben (Zeitwörter) in die Grundform (Infinitiv), Gegenwart (Präsens) oder 1. Vergangenheit (Präteritum/Imperfekt).

Grundform (Infinitiv)	Gegenwart (Präsens)	1. Vergangenheit (Präteritum/Imperfekt)
laufen	läuft	lief
halten	hält	*hielt*
fordern	*fordert*	forderte
stoßen	stößt	*stieß*
essen	*isst*	*aß*
zeichnen	*zeichnet*	zeichnete
backen	*bäckt*	buk
probieren	probiert	*probierte*
lassen	*lässt*	*ließ*
lesen	liest	*las*
fehlen	*fehlt*	*fehlte*
geben	gibt	*gab*
vermeiden	*vermeidet*	vermied
frieren	*friert*	fror
sein	*ist*	*war*
werden	wird	*wurde*
springen	*springt*	*sprang*
denken	*denkt*	dachte
scheinen	scheint	*schien*

Angstgefühle

Wie äußern sich Angstgefühle? Was passiert mit dem Gesicht bzw. den Gesichtsteilen, dem Atem, dem Herz, den Knien oder den anderen Körperteilen?
Ordne zu und ergänze weitere Beispiele.

Zähne klappern	fahl	zittern wie Espenlaub	stocken	rasen	schlottern
verschlagen	bis zum Hals klopfen	zittern	eiskalt den Rücken hinunterlaufen		

Gesicht/Gesichtsteile	Atem/Luft	Knie

Herz/Puls	andere Körperteile

Angstgefühle – Lösung

Wie äußern sich Angstgefühle? Was passiert mit dem Gesicht bzw. den Gesichtsteilen, dem Atem, dem Herz, den Knien oder den anderen Körperteilen? Ordne zu und ergänze weitere Beispiele.

Zähne klappern | fahl | zittern wie Espenlaub | stocken | rasen | schlottern

verschlagen | bis zum Hals klopfen | zittern | eiskalt den Rücken hinunterlaufen

Gesicht/Gesichtsteile

Zähne klappern, fahl, kreidebleich, schneeweiß, blass, Augen werden größer, Augen aufreißen, Mund öffnen, Augen zukneifen, ...

Atem/Luft

verschlagen, stocken, anhalten, wegbleiben, ...

Knie

schlottern, zittern, wackeln, weich werden, ...

Herz/Puls

rasen, bis zum Hals klopfen, pochen, schlagen, hämmern, aussetzen, stehen bleiben, ...

andere Körperteile

zittern wie Espenlaub, eiskalt den Rücken hinunterlaufen, Haare stehen zu Berge, Nackenhaare sträuben sich, feuchte Hände, Kehle zuschnüren, Gänsehaut bekommen, Angstschweiß, ...

Allein zu Hause

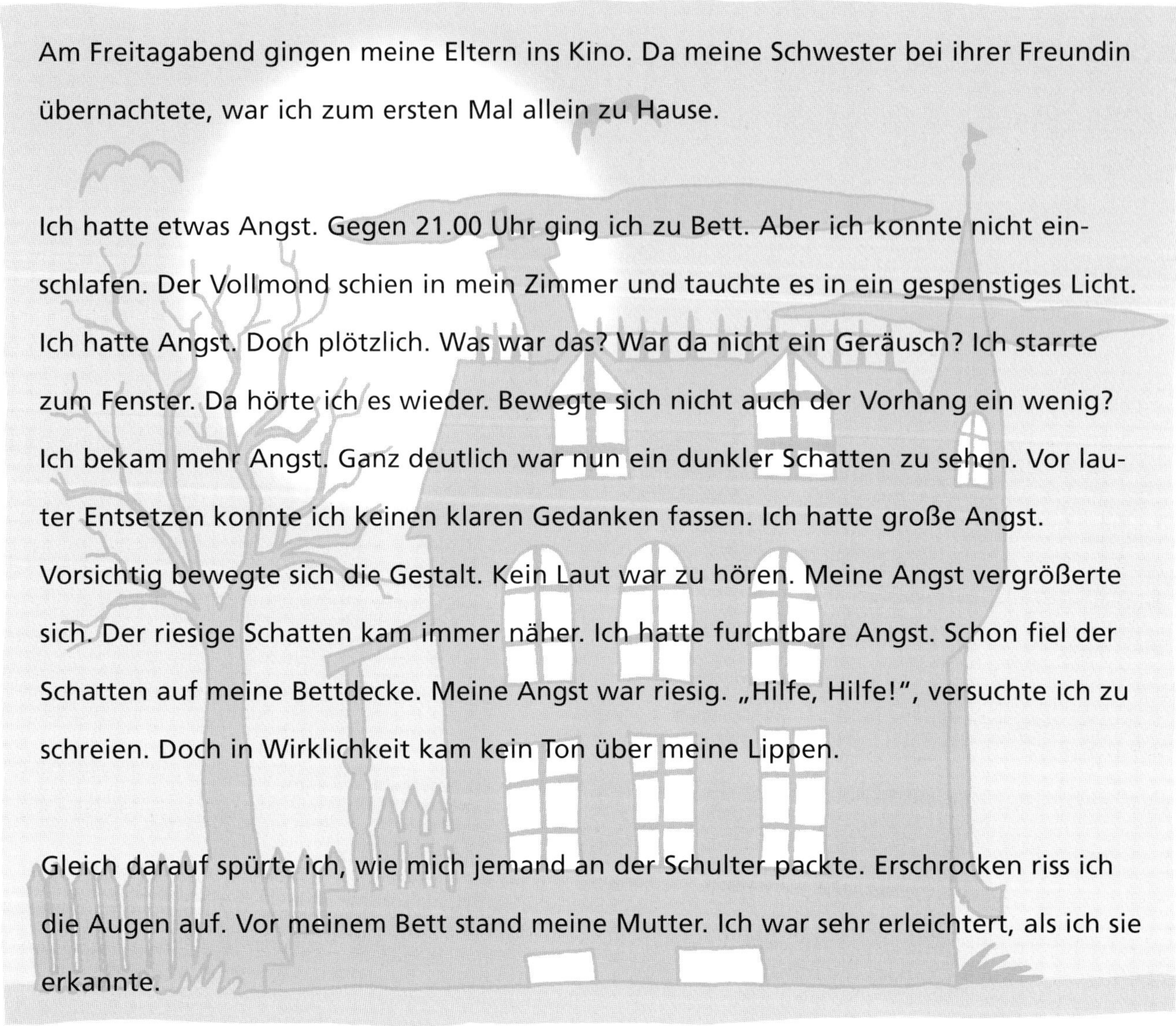

Am Freitagabend gingen meine Eltern ins Kino. Da meine Schwester bei ihrer Freundin übernachtete, war ich zum ersten Mal allein zu Hause.

Ich hatte etwas Angst. Gegen 21.00 Uhr ging ich zu Bett. Aber ich konnte nicht einschlafen. Der Vollmond schien in mein Zimmer und tauchte es in ein gespenstiges Licht. Ich hatte Angst. Doch plötzlich. Was war das? War da nicht ein Geräusch? Ich starrte zum Fenster. Da hörte ich es wieder. Bewegte sich nicht auch der Vorhang ein wenig? Ich bekam mehr Angst. Ganz deutlich war nun ein dunkler Schatten zu sehen. Vor lauter Entsetzen konnte ich keinen klaren Gedanken fassen. Ich hatte große Angst. Vorsichtig bewegte sich die Gestalt. Kein Laut war zu hören. Meine Angst vergrößerte sich. Der riesige Schatten kam immer näher. Ich hatte furchtbare Angst. Schon fiel der Schatten auf meine Bettdecke. Meine Angst war riesig. „Hilfe, Hilfe!", versuchte ich zu schreien. Doch in Wirklichkeit kam kein Ton über meine Lippen.

Gleich darauf spürte ich, wie mich jemand an der Schulter packte. Erschrocken riss ich die Augen auf. Vor meinem Bett stand meine Mutter. Ich war sehr erleichtert, als ich sie erkannte.

1. **Streiche alle Sätze durch, in denen Angst langweilig und unpassend beschrieben wird.**
2. **Verbessere die Geschichte. Beschreibe die Angstgefühle genau. Denke auch daran die Angst zu steigern.**
3. **Der Text enthält nur wenige stumme Gedanken (= Ideen/Gefühle/Einfälle, die nicht laut ausgesprochen werden). Füge weitere ein.**
4. **Schreibe nun deine gruselige Fantasieerzählung in dein Aufsatzheft.**

Allein zu Hause – Lösung

Vorschlag:

Am Freitagabend gingen meine Eltern ins Kino. Da meine Schwester bei ihrer Freundin übernachtete, war ich zum ersten Mal allein zu Hause.

Mir war etwas mulmig zumute. Gegen 21.00 Uhr ging ich zu Bett. Aber ich konnte nicht einschlafen. Der Vollmond schien in mein Zimmer und tauchte es in ein gespenstiges Licht. Mir wurde unheimlich.
Doch plötzlich. Was war das? War da nicht ein Geräusch? Ich starrte zum Fenster. „Das war gewiss die Katze von nebenan", redete ich mir beruhigend zu. „Sie ist sicherlich wieder über den Zaun gesprungen." Da hörte ich es wieder. Bewegte sich nicht auch der Vorhang ein wenig? „Wie kann sich der Vorhang bewegen, wenn die Katze draußen ist?", fiel mir entsetzt ein. Ich bekam feuchte Hände und mein Herz fing schneller an zu klopfen.
Ganz deutlich war nun ein dunkler Schatten zu sehen. Fieberhaft dachte ich nach: „Was soll ich bloß machen?" Vor lauter Entsetzen konnte ich keinen klaren Gedanken fassen. Mir wurde heiß und kalt. Ich bekam Gänsehaut und die Kehle war mir wie zugeschnürt. Vorsichtig bewegte sich die Gestalt. Kein Laut war zu hören. Es herrschte Grabesstille. Mein Herz raste. Der riesige Schatten kam immer näher. Verzweifelt dachte ich: „Das ist ein Einbrecher. Er weiß bestimmt, dass ich allein zu Hause bin." Ich zitterte wie Espenlaub und war schweißgebadet. Ein eiskalter Schauer lief mir den Rücken hinunter. Schon fiel der Schatten auf meine Bettdecke. Meine Nackenhaare sträubten sich. Das Herz blieb mir fast stehen. Ich war wie gelähmt. Vor lauter Angst kniff ich die Augen fest zu. „Hilfe, Hilfe!", versuchte ich zu schreien. Doch in Wirklichkeit kam kein Ton über meine Lippen.

Gleich darauf spürte ich, wie mich jemand an der Schulter packte. Erschrocken riss ich die Augen auf. Vor meinem Bett stand meine Mutter. Ich war sehr erleichtert, als ich sie erkannte.

Schreibaufgabe

Schreibe nun selbst eine Fantasieerzählung zum Thema

„Nachts allein im Dunkeln unterwegs".

Wenn du dir unsicher bist, schlage in deinem Aufsatzheft nach!

- ▹ **Erzähle in der 1. Vergangenheit!**
- ▹ **Schreibe eine kurze Einleitung und einen knappen Schluss.**
- ▹ **Beschreibe deine Angstgefühle und steigere sie.**
- ▹ **Verwende passende Adjektive.**
- ▹ **Erzähle nur ein Angsterlebnis.**
- ▹ **Setze an geeigneten Stellen die wörtliche Rede bzw. stumme Gedanken ein.**

Kontrolliere zum Schluss, ob deine Geschichte alle obigen Punkte erfüllt hat.

Schreibkonferenz

Eine Schreibkonferenz hilft euch, eure Fantasieerzählung noch besser zu gestalten. Selbst Bestsellerautoren lesen und überarbeiten ihre Werke immer wieder, bevor sie diese veröffentlichen. Dabei erhalten sie oft viele wertvolle Tipps von anderen.

Bildet für eure Schreibkonferenz eine Gruppe von höchstens drei bis vier Personen. Vielleicht können sogar eure Textprodukte von eurer Lehrkraft in der entsprechenden Anzahl kopiert werden.

Führt anschließend eine Schreibkonferenz durch:

① Ein Gruppenmitglied liest seine Fantasieerzählung laut vor. Hört dem Leser aufmerksam zu. Informiert den Autor über euren ersten Eindruck, dabei muss mindestens ein guter Punkt erwähnt werden.

② Während das Geschriebene ein zweites Mal langsam vorgelesen wird, macht euch stichpunktartig Notizen auf dem **Schreibkonferenzbogen – Fantasieerzählung.**

③ Teilt eure Aufzeichnungen höflich der Schreiberin oder dem Schreiber mit. Macht gemeinsam sinnvolle Verbesserungsvorschläge, die dem Autor wirklich helfen.

④ Nun ist der oder die Nächste an der Reihe, das Geschriebene vorzutragen. Wiederholt diesen Vorgang so lange, bis jedes Gruppenmitglied sein Werk vorgestellt und Tipps erhalten hat. Dann verbessert eure Geschichten.

Schreibkonferenzbogen – Fantasieerzählung

Name des Autors: ______________________________

Überschrift des Textes: ______________________________

	☺	☹	Verbesserungsvorschlag
1. Erwähnt die Einleitung knapp Zeit, Ort und Personen, die für die Handlung wichtig sind?			
2. Ist die Handlung logisch und wird nur eine Angsterlebnis beschrieben?			
3. Sind die Angstgefühle genau beschrieben? Steigert sich die Angst?			
4. Werden passende Adjektive verwendet?			
5. Spielt die Fantasiegeschichte in der 1. Vergangenheit?			
6. Werden stumme Gedanken und wörtliche Rede eingesetzt?			

Datum

Unterschrift des Schreibkonferenzmitglieds

Wortfeld „gehen“

schnell

langsam

Wie kann man gehen?

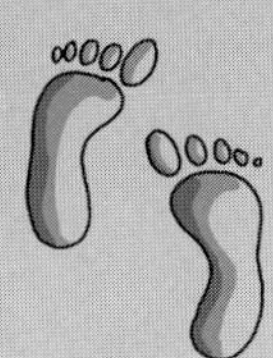

laut

leise

normal

ungewöhnlich

Zeichne je ein passendes/typisches Bild zu den einzelnen Gangarten.

Wortfeld „gehen“ – Lösung

schnell

laufen, eilen, hetzen, hasten, fliehen, flitzen, rennen, sausen, sprinten, stürmen, sich sputen, türmen, ...

langsam

bummeln, tappen, spazieren, schlendern, kriechen, wandeln, trödeln, krabbeln, ...

Wie kann man gehen?

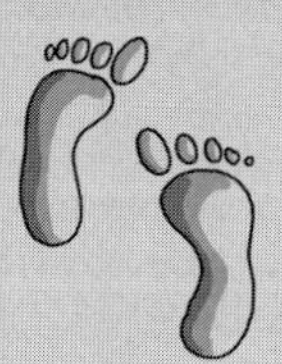

laut

stampfen, trampeln, springen, schlurfen, stöckeln, ...

leise

schleichen, huschen, trippeln, tapsen, ...

normal

sich begeben, eintreffen, schreiten, wandern, ...

ungewöhnlich

torkeln, wanken, hinken, taumeln, waten, humpeln, stolpern, marschieren, stolzieren, hüpfen, ...

Zeichne je ein passendes/typisches Bild zu den einzelnen Gangarten.

Zeitformen erkennen

Kreuze an, um welche Zeitformen es sich handelt.

		Infinitiv (Grundform)	Präsens (Gegenwart)	Imperfekt/ Präteritum (1. Vergangenh.)	Perfekt (2. Vergangenh.)
1	ich suche	R	F	S	T
2	ihr seid	E	A	I	O
3	er lief	U	B	N	H
4	du hast gelesen	L	D	Z	T
5	sie haben geworfen	C	O	F	A
6	er bellt	G	S	K	L
7	wir warfen	S	M	I	Q
8	sie sind gegangen	N	P	M	E
9	haben	E	U	V	D
10	ich sehe	A	R	C	E
11	er stand	B	K	Z	G
12	ihr habt gerufen	L	W	F	A
13	öffnen	E	I	H	M
14	laufen	H	M	O	R
15	sie bittet	P	L	S	A
16	wir sangen	W	T	U	V
17	du bist gesprungen	E	D	C	N
18	denken	G	U	Z	B

Wenn du alle Zeitformen richtig angekreuzt hast, erhältst du ein Lösungswort.

Das Lösungswort lautet:

1	2	3	4	5	6	7	8	9	10	11	12	13	14	15	16	17	18

Zeitformen erkennen – Lösung

Kreuze an, um welche Zeitformen es sich handelt.

		Infinitiv (Grundform)	Präsens (Gegenwart)	Imperfekt/ Präteritum (1. Vergangenh.)	Perfekt (2. Vergangenh.)
1	ich suche	R	F ✗	S	T
2	ihr seid	E	A ✗	I	O
3	er lief	U	B	N ✗	H
4	du hast gelesen	L	D	Z	T ✗
5	sie haben geworfen	C	O	F	A ✗
6	er bellt	G	S ✗	K	L
7	wir warfen	S	M	I ✗	Q
8	sie sind gegangen	N	P	M	E ✗
9	haben	E ✗	U	V	D
10	ich sehe	A	R ✗	C	E
11	er stand	B	K	Z ✗	G
12	ihr habt gerufen	L	W	F	A ✗
13	öffnen	E ✗	I	H	M
14	laufen	H ✗	M	O	R
15	sie bittet	P	L ✗	S	A
16	wir sangen	W	T	U ✗	V
17	du bist gesprungen	E	D	C	N ✗
18	denken	G ✗	U	Z	B

Wenn du alle Zeitformen richtig angekreuzt hast, erhältst du ein Lösungswort.

Das Lösungswort lautet:

1	2	3	4	5	6	7	8	9	10	11	12	13	14	15	16	17	18
F	*A*	*N*	*T*	*A*	*S*	*I*	*E*	*E*	*R*	*Z*	*A*	*E*	*H*	*L*	*U*	*N*	*G*

Angstgefühle darstellen

Wie äußern sich Angstgefühle von gering bis erdrückend? Ergänze die nachstehenden Stufen.

erdrückende Angst

Haare stehen zu Berge, ____________

mehr Angst

zittern, ____________

geringe Angst

erschaudern, ____________

Angstgefühle darstellen – Lösung

Wie äußern sich Angstgefühle von gering bis erdrückend? Ergänze die nachstehenden Stufen.

geringe Angst

erschaudern, *mulmig, gespenstisch, frösteln, Schreck, blass, bleich, ...*

mehr Angst

zittern, *Angstschweiß, Herzklopfen, Nackenhaare sträuben sich, weiß wie eine Wand sein, feuchte Hände, schwitzen, frieren, stottern, Kehle zuschnüren, aschfahles Gesicht, Luft anhalten, Atem stocken, ...*

erdrückende Angst

Haare stehen zu Berge, *schlottern, Zähne klappern, aufschreien, eiskalt den Rücken hinunterlaufen,zittern wie Espenlaub, rasender Puls, wie gelähmt sein, Hals über Kopf davonstürzen, Herz bis zum Hals klopfen, ...*

Allein zu Hause

Diese Fantasieerzählung ist nicht gelungen. Korrigiere sie!

Am Freitagabend gingen meine Eltern ins Kino. Da meine Schwester bei ihrer Freundin übernachtete, war ich zum ersten Mal allein zu Hause. Ich hatte etwas Angst. Gegen 21.00 Uhr ging ich zu Bett. Aber ich konnte nicht einschlafen. Der Vollmond schien in mein Zimmer und tauchte es in ein gespenstiges Licht. Ich hatte Angst. Doch plötzlich. Was war das? War da nicht ein Geräusch? Ich starrte zum Fenster. Da hörte ich es wieder. Bewegte sich nicht auch der Vorhang ein wenig? Ich bekam mehr Angst. Ganz deutlich war nun ein dunkler Schatten zu sehen. Vor lauter Entsetzen konnte ich keinen klaren Gedanken fassen. Ich hatte große Angst. Vorsichtig bewegte sich die Gestalt. Kein Laut war zu hören. Meine Angst vergrößerte sich. Der riesige Schatten kam immer näher. Ich hatte furchtbare Angst. Schon fiel der Schatten auf meine Bettdecke. Meine Angst war riesig. „Hilfe, Hilfe!", versuchte ich zu schreien. Doch in Wirklichkeit kam kein Ton über meine Lippen. Gleich darauf spürte ich, wie mich jemand an der Schulter packte. Erschrocken riss ich die Augen auf. Vor meinem Bett stand meine Mutter. Ich war sehr erleichtert, als ich sie erkannte.

Allein zu Hause – Lösung

Diese Fantasieerzählung ist nicht gelungen. Korrigiere sie!

Am Freitagabend gingen meine Eltern ins Kino. Da meine Schwester bei ihrer Freundin übernachtete, war ich zum ersten Mal allein zu Haus. ~~Ich hatte etwas Angst.~~ *Mir war etwas mulmig zumute.* Gegen 21.00 Uhr ging ich zu Bett. Aber ich konnte nicht einschlafen. Der Vollmond schien in mein Zimmer und tauchte es in ein gespenstiges Licht. ~~Ich hatte Angst.~~ *Mir wurde unheimlich.*

Doch plötzlich. Was war das? War da nicht ein Geräusch? Ich starrte zum Fenster. Da hörte ich es wieder. Bewegte sich nicht auch der Vorhang ein wenig? ~~Ich bekam mehr Angst.~~ *Ich bekam feuchte Hände und mein Herz fing schneller an zu klopfen.*

Ganz deutlich war nun ein dunkler Schatten zu sehen. Vor lauter Entsetzen konnte ich keinen klaren Gedanken fassen. ~~Ich hatte große Angst.~~ *Mir wurde heiß und kalt. Ich bekam Gänsehaut und die Kehle war mir wie zugeschnürt.* Vorsichtig bewegte sich die Gestalt. Kein Laut war zu hören. ~~Meine Angst vergrößerte sich.~~ *Es herrschte Grabesstille. Mein Herz raste.* Der Schatten kam immer näher. ~~Ich hatte furchtbare Angst.~~ *Ich zitterte wie Espenlaub und war schweißgebadet. Ein eiskalter Schauer lief mir den Rücken hinunter.* Schon fiel der Schatten auf meine Bettdecke. ~~Meine Angst war riesig.~~ *Meine Nackenhaare sträubten sich. Das Herz blieb mir fast stehen. Ich war wie gelähmt. Vor lauter Angst kniff ich die Augen fest zu.*

„Hilfe, Hilfe!“, versuchte ich zu schreien. Doch in Wirklichkeit kam kein Ton über meine Lippen. Gleich darauf spürte ich, wie mich jemand an der Schulter packte. Erschrocken riss ich die Augen auf.

Vor meinem Bett stand meine Mutter. Ich war sehr erleichtert, als ich sie erkannte.

Schreibaufgabe

Schreibe nun selbst eine Fantasieerzählung zum Thema

„Nachts allein im Dunkeln unterwegs“.

!

- ▷ **Beachte den Spannungsbogen:**
  - **kurze Einleitung**
  - **ausführlicher und spannender Hauptteil mit Höhepunkt**
  - **knapper Schluss**
- ▷ **Erzähle in der 1. Vergangenheit!**
- ▷ **Wechsle im Satzbau ab.**
- ▷ **Verwende die wörtliche Rede und stelle stumme Gedanken dar.**
- ▷ **Vermeide Wiederholungen in der Wortwahl.**
- ▷ **Achte auf die Rechtschreibung.**
  Verwende ein Wörterbuch zum Nachschlagen.

Kontrolliere zum Schluss, ob deine Geschichte alle obigen Punkte erfüllt hat.

Schreibkonferenz

Eine Schreibkonferenz hilft euch, eure Fantasieerzählung noch besser zu gestalten. Selbst Bestsellerautoren lesen und überarbeiten ihre Werke immer wieder, bevor sie diese veröffentlichen.
Dabei erhalten sie oft viele wertvolle Tipps von anderen.

Bildet für eure Schreibkonferenz eine Gruppe von höchstens drei bis vier Personen. Vielleicht können sogar eure Textprodukte von eurer Lehrkraft in der entsprechenden Anzahl kopiert werden.

Führt anschließend eine Schreibkonferenz durch:

① Ein Gruppenmitglied liest seine Fantasieerzählung laut vor. Hört dem Leser aufmerksam zu. Informiert den Autor über euren ersten Eindruck, dabei muss mindestens ein guter Punkt erwähnt werden.

② Während das Geschriebene ein zweites Mal langsam vorgelesen wird, macht euch stichpunktartig Notizen auf dem **Schreibkonferenzbogen – Fantasieerzählung.**

③ Teilt eure Aufzeichnungen höflich der Schreiberin oder dem Schreiber mit. Macht gemeinsam sinnvolle Verbesserungsvorschläge, die dem Autor wirklich helfen.

④ Nun ist der oder die Nächste an der Reihe, das Geschriebene vorzutragen. Wiederholt diesen Vorgang so lange, bis jedes Gruppenmitglied sein Werk vorgestellt und Tipps erhalten hat. Dann verbessert eure Geschichten.

Schreibkonferenzbogen – Fantasieerzählung

Name des Autors: ____________________

Überschrift des Textes: ____________________

	☺	☹	Verbesserungsvorschlag
1. Erwähnt die Einleitung knapp Zeit, Ort und Personen, die für die Handlung wichtig sind?			
2. Ist die Handlung logisch und wird nur ein Angsterlebnis erzählt?			
3. Sind die Angstgefühle genau beschrieben? Steigert sich die Spannung?			
4. Ist die Lösung der Spannung einsichtig?			
5. Wird in der 1. Vergangenheit erzählt?			
6. Werden treffende Nomen, Verben und Adjektive verwendet? Gibt es Wiederholungen?			
7. Ist der Satzbau abwechslungsreich?			
8. Werden stumme Gedanken und wörtliche Rede passend eingesetzt?			

Datum

Unterschrift des Schreibkonferenzmitglieds

Quellenangabe

„Erziehung mit angebrannten Bohnen" aus: e. o. plauen „Vater und Sohn"
in Gesamtausgabe Ehrich Ohser